AF588890

ÉTUDE

SUR

NICOLAS PSAULME.

ÉTUDE

SUR

NICOLAS PSAULME

ÉVÊQUE ET COMTE DE VERDUN

(1518-1575)

DONNÉE EN CONFÉRENCES PUBLIQUES

PAR

M. L'ABBÉ GABRIEL

AUMONIER DU COLLÉGE DE VERDUN.

VERDUN,

IMPRIMERIE DE L. DOUBLAT, RUE ST-PAUL, 6.

1867

A mes lecteurs.

En publiant cette étude, je n'ai pas la prétention d'avoir fait une œuvre savante. Il ne m'a pas été donné de voir ni de consulter toutes les pièces, chartes ou biographies relatives à NICOLAS PSAULME. Cependant, par le peu que je dis de cet illustre Evêque de Verdun, il est facile de voir combien sa vie serait un sujet fécond pour qui, ayant la possibilité de l'étudier dans tous ses détails, voudrait la mieux faire connaître au public.

J'offre mon modeste travail à la ville de Verdun. Je désire qu'il soit lu avec une indulgence égale à celle avec laquelle on l'a écouté dans les Conférences publiques de cet hiver.

Verdun, le 16 mars 1867.

ÉTUDE

SUR

NICOLAS PSAULME.

PREMIÈRE CONFÉRENCE.

ENFANCE ET JEUNESSE DE NICOLAS PSAULME, SON ÉLÉVATION A L'ÉPISCOPAT. — VERDUN RÉUNI A LA FRANCE. DE 1518 A 1553.

Pourquoi ce sujet de Conférences ?

Toutes les villes, même les plus humbles, ont leur célébrité, ou bien elles ont été, dans les siècles passés, le théâtre d'évènements dignes de fixer l'attention des siècles suivants, ou bien elles ont donné naissance ou servi de séjour à des hommes illustres dont l'histoire a conservé le nom. Notre ville de Verdun, elle aussi, a eu ses évènements, soit glorieux, soit tristes; je voudrais que quelques-uns fussent redits devant vous. Elle aussi a eu ses hommes illustres.

Parmi ces hommes, j'ai choisi, pour faire de sa vie le sujet d'un certain nombre de Conférences, NICOLAS PSAULME, Evêque et Comte de Verdun, Prince du St-Empire.

Prêtre moi-même et enfant du pays Verdunois, cette vie a dû attirer mon attention. Je crois aussi, MESDAMES ET MESSIEURS, qu'elle vous intéressera; car c'est faire acte de patriotisme et d'intelligence que de s'intéresser à tout ce qui touche à l'honneur et à la gloire de son pays.

Naissance plébéienne de Nicolas Psaulme.

NICOLAS PSAULME naquit le 11 décembre 1518 au village de Chaumont-sur-Aire, autrefois du baillage et aujourd'hui de l'arrondissement de Bar-le-Duc, diocèse de Verdun. Son père, Pierre Psaulme, était un brave et honnête laboureur, et sa mère, Didière Morel, une bonne et simple paysanne, mais femme très-pieuse.

La vie des champs, à cette époque bien plus encore que maintenant, était une rude vie, et l'enfance d'un fils de laboureur ne devait connaître ni soins délicats, ni amolissantes attentions, même de la part de sa mère. Le jeune Psaulme fut donc élevé, comme tous les enfants de sa modeste condition, dans le travail, la soumission à l'autorité paternelle, le respect de Dieu et la pratique de la religion.

Au sortir de sa première enfance, ses parents, sans oser rêver pour lui de grandes destinées, songèrent à profiter d'une heureuse circonstance, afin de lui donner une éducation, rare alors parmi les gens de roture.

Il est emmené à l'abbaye de St-Paul de Verdun.

Pierre Psaulme avait un frère, qui, par son mérite, était devenu abbé de St-Paul de Verdun; il lui amena son fils. Depuis longtemps les ordres religieux n'étaient plus les seuls foyers du savoir; cependant plusieurs conservaient encore les traditions de leur passé et cultivaient avec amour les lettres et les sciences. Celui des Prémontrés, auquel appartenait l'abbaye de St-Paul, était de ce nombre. Nicolas Psaulme y apprit les premiers éléments des sciences et des lettres humaines, en même temps qu'il s'y forma à une piété solide et éclairée.

Bientôt son oncle, qui avait su découvrir en lui une rare aptitude aux choses de l'esprit, l'envoya dans les Universités de Paris, d'Orléans et de Poitiers, pour y achever ses études et s'y perfectionner dans les diverses branches qui forment le faisceau admirable et varié de l'enseignement.

Il va étudier en plusieurs Universités de France.

A des talents supérieurs, le jeune étudiant joignait une sagesse au-dessus de son âge et une maturité d'idées et de conduite difficile à trouver dans tous les temps parmi la vive et parfois turbulente population des écoles. Son retour au cloître de St-Paul fut un évènement. Le vénérable abbé, charmé des belles qualités de son neveu, inspiré peut-être aussi par la voix du sang, songea à le choisir pour successeur. Les Religieux ne firent aucune opposition, pardonnant à Nicolas Psaulme sa grande jeunesse, en raison de ses vertus et de sa haute intelligence. Il avait alors vingt ans.

Il devient abbé de St-Paul.

Pendant deux années, il jouit des revenus de l'abbaye, quoiqu'il ne fût que simple clerc; mais son oncle en conserva la direction. En 1540, il prit l'habit blanc des Prémontrés, reçut la bénédiction abbatiale des mains de Nicolas Goberti, administrateur du diocèse de Verdun (1), et fut ordonné prêtre dans le courant de la même année.

Il est reçu docteur en théologie.

Mais, toujours avide de sciences, Nicolas Psaulme quitta bientôt sa riche abbaye et retourna étudier à Paris, où il fut reçu docteur en théologie le 6 novembre 1541. Le doctorat en théologie était alors un honneur auquel on n'arrivait qu'après de très-fortes études sur presque toutes les matières de l'enseignement. Psaulme soutint brillamment ses thèses en Sorbonne devant plusieurs évêques et autres personnages illustres, parmi lesquels on remarquait le Cardinal Jean de Lorraine, frère du duc régnant de Lorraine, et Charles de Guise, son neveu, Archevêque de Reims, plus connu dans la suite sous le nom de Cardinal de Lorraine. Les Lorrains surtout applaudirent aux talents et aux succès de leur compatriote et vinrent eux-mêmes l'en féliciter.

Plus tard, l'Evêque de Verdun devait payer ces applaudissements par son affection et son dévouement à la maison de Guise. C'est de cette époque, sans nul doute, que datent les relations intimes entre le fils du laboureur de Chaumont et ces Princes de Lorraine « auprès desquels, disait-on alors, les autres Princes semblaient peuple » (2).

(1) Nicolas Goberti, Evêque de Panéade *in partibus,* administrait le diocèse de Verdun pendant les épiscopats des princes Jean et et Nicolas de Lorraine. Ce fut lui qui fit construire la belle Eglise de St-Vanne, dont une tour est encore debout au centre de la Citadelle. Il mourut en 1543.

(2) J'ai cru devoir placer à la fin du volume, n° 1 des *Pièces justificatives,* un tableau généalogique de la famille de Guise-Lorraine, qui aidera le lecteur à se reconnaître dans tous ces noms de Guises que nous citerons souvent.

Cependant le renom de Nicolas Psaulme avait grandi parmi les Religieux de son ordre : on parlait de lui dans toutes les Abbayes de Prémontrés. Le Chapitre général de l'Ordre, réuni à Laon, jeta les yeux sur lui pour l'élever à la dignité de supérieur-général. Mais il avait pour compétiteur un cardinal, et son élection ne fut pas validée en cour de Rome. Il revint alors à son monastère de St-Paul, où sa présence et son autorité étaient nécessaires pour rétablir la discipline fort relâchée depuis son départ et la mort de son oncle.

Il secourt le château de Boinville.

En ces temps-là, l'Empereur Charles-Quint, en guerre avec la France, vint mettre le siége devant St-Dizier, à la tête d'une armée formidable (1544). Guillaume comte de Furstemberg, qui avait d'abord commandé son avant-garde, se rabattit sur le pays Verdunois, qu'il désola par ses rapines, et assiégea le château de Boinville, petit village près d'Etain, et alors fief de l'abbaye de St-Paul. Malgré les secours d'hommes et de vivres envoyés de Verdun par Nicolas Psaulme, Boinville fut emporté d'assaut. Mais la longue et vigoureuse résistance de la garnison avait donné au nouvel abbé le temps de solliciter le secours de François de Guise, comte d'Aumale, qui occupait Stenay pour le Roi de France.

Pendant que les lansquenets de Furstemberg pillaient le pays et faisaient chère-lie avec l'argent donné par Psaulme pour la rançon des prisonniers faits à Boinville, François de Guise était descendu dans la plaine de Woëvre avec quelques hommes d'armes et un peu d'infanterie, avait repris sur

Furstemberg le château de Bonzée, qui appartenait au Chapitre de la Cathédrale, et l'avait poussé, l'épée dans les reins, jusqu'à Gorze. A Gorze, l'Allemand fit face; mais, complétement battu, il repassa la frontière, et le pays fut pour quelque temps du moins délivré de la présence incommode des gens de guerre.

Voyage de Nicolas Psaulme à Rome.

L'abbé de St-Paul, libéré lui aussi de ses préoccupations guerrières, fut quelque temps après envoyé à Rome par le Chapitre général des Religieux Prémontrés pour solliciter la canonisation du pieux Norbert, fondateur de leur Ordre.

Certes, Nicolas Psaulme était trop intelligent et trop éclairé pour passer sans profit sur cette terre inspiratrice de l'Italie, où venait de s'épanouir, dans une merveilleuse floraison, ce qu'on appelle la *Renaissance*, c'est-à-dire tous les arts, toutes les sciences, sculpture, peinture, poésie, littérature, philosophie. L'Italie en effet était encore toute imprégnée, comme d'un puissant parfum, des récents souvenirs qu'avaient laissés les splendeurs des Médicis à Florence et de Léon X à Rome.

A ce voyage peut-être, au spectacle du vaste mouvement intellectuel dont il fut témoin, nous devons en Nicolas Psaulme l'idée de fonder un Collége dans notre ville et la constante protection qu'il accorda aux lettres et aux sciences, lorsqu'il fut élevé à l'épiscopat. Mais surtout il y contracta de nobles amitiés avec les plus saints personnages de ce temps, et en revint plus ferme dans la foi, contrairement à un autre visiteur fameux, qui l'avait précédé de quelques années dans la ville Eternelle (1).

(1) Luther alla à Rome vers 1512.

Nicolas Psaulme est nommé à l'Evêché de Verdun.

Les princes Lorrains cependant n'avaient pas oublié le Lauréat de Sorbonne, ni l'actif défenseur de Boinville.

Verdun avait alors pour Evêque Nicolas de Lorraine, un jeune homme de vingt-cinq ans, plus désireux de paraître brillant chevalier que saint Prélat; du reste il n'était pas prêtre. Aussi, après quatre années d'épiscopat nominal, il se fatigua de son Evêché, le rendit à son oncle Jean de Lorraine, qui l'avait possédé jusqu'en 1544, et se maria. Jean de Lorraine, qui, par un abus trop fréquent alors dans les grandes familles, était déjà Archevêque de Narbonne et de Lyon (1), Evêque de Laon, de Metz, de Toul, de Valence, de Thérouanne, d'Alby, et par-dessus tout cela Cardinal, offrit à Nicolas Psaulme de se démettre de l'Evêché de Verdun en sa faveur.

Psaulme, que cette élévation à l'épiscopat effrayait un peu, car il avait prévu les troubles politiques et religieux que la *Réforme* allait susciter bientôt, refusa d'abord d'accepter l'offre de son protecteur. Mais, sur les instances du Cardinal lui-même et de ses supérieurs, il obéit à ce qu'il regardait comme la volonté du ciel et échangea sa crosse d'Abbé contre la mitre épiscopale. Seulement, Jean de Lorraine, par un autre abus malheureusement trop toléré à cette époque, se réservait le droit de *regrès (jus regressûs)* sur l'Evêché de Verdun, c'est-à-dire, qu'au besoin il pouvait le reprendre, et gardait pour lui la majeure partie des revenus de toutes sortes attachés à ce

(1) En 1538 il avait cédé l'archevêché de Rheims à Charles de Guise.

siége. Bientôt après, il transféra la jouissance de ces revenus à Charles de Guise. De telles conditions imposées au nouvel Evêque le mettaient presque sous la dépendance des Guises, et devaient plus tard lui susciter des ennuis, occasionnés par la modicité de sa fortune.

Ce fut le 12 juillet 1548 que Nicolas Psaulme prit possession de l'Evêché de Verdun. On renouvela, pour son entrée en la ville épiscopale, l'ancien et curieux cérémonial tombé en désuétude sous ses prédécesseurs.

Cérémonial de son entrée en sa ville épiscopale.

Avant d'être reçu par la cité de Verdun comme Comte et même comme Evêque, Nicolas Psaulme dut d'abord « faire foy et ostencion aux jureis, » justice, conseil et gouverneurs de la citeit, de » ses droits et titres à l'Evêchié, soit par bulles » ou aultrement.

» Item il dut aussi faire apparoir dehument » qu'il avait obtenut le droit de régale du sou» verain seigneur empereur ou roy des Roumains, » duqueil muet le temporeil de la ditte citeit et » éveschié de Verdun, car, sans le dict régale, » les dis de Verdun ne sont point tenus de re» cepvoir aucun seigneur Evesque éleut ou admi» nistrateur au dict temporeil. »

Après s'être soumis à ces formalités imposées aux Evêques de Verdun par l'autorité jalouse des gouverneurs de la ville, Nicolas Psaulme leur fit part du jour qu'il avait choisi pour son entrée solennelle. Ce jour venu, il se présenta, revêtu des habits pontificaux, à la porte St-Victor, et prit place en dehors « sur ung siége notable,

» comme il appartient, pour luy seoir. » Là, l'attendaient le Maître-Echevin à cheval et les magistrats, qui, lui présentant « le LIVRET D'OR » contenant la forme du serment que doibt tenir » le seigneur évesque à la prise et possession de » l'évesché » lui demandèrent de prêter dessus le serment qui suit : « Nous jurons, veues les Sainctes » Evangiles, la main mise à nostre pict *(pectus,* » poitrine) comme prélat (1), que nous tenrons, » garderons, maintenrons les liberteis, franchises, » coustumes, usages et communes observances » de la citeit de Verdun et des appartenances » d'ycelle. Ez que nous tenrons et maintenrons » les citeins et habitans de la ditte citeit en leurs » saisines et possessions, sans les enfreindre per » quelcumque manière. »

Ce serment reçu, le Maître-Echevin qui portait « ung fardel de cleifs que on suelt (*solet,* a cou- » tume) penre au sacraire de l'église cathédrale » de Verdun, lesquelles cleifs sont celles de la » citeit, » les remit aux mains de l'Evêque, avec recommandation d'en faire bonne garde; puis la porte s'ouvrit toute grande et Nicolas Psaulme entra dans la ville.

Suit un détail assez original : « Faisant la bei- » nesson au peuple, à dextre et à sénestre, le » seigneur Evesque marcha par dessus draps que » les maistres du métier de la draperie doibvent

(1) L'Evêque, en prêtant serment, plaçait sa main gauche sur sa poitrine et levait la main droite au-dessus des Evangiles ; les laïcs, au contraire, touchaient le texte sacré de la main gauche, en même temps qu'ils levaient la droite. Cette différence dans la manière de prêter le serment, de la part des prêtres et des laïcs, est encore en usage aujourd'hui à Rome.

» avoir prestz et appareisllez et faictz estendre » per le chemin au pardevant du dict seigneur, » pour lequel service ycellui seigneur doibt païer » aux dis maîtres de la draperie, pour leur » droit, deux livres, monnoies de Verdun, pour » une fois, et avec ce, doibvent avoir les drap- » piers leur dyneir per la manière accoustumée. »

Ainsi venu jusqu'en face l'Eglise Collégiale de Ste-Croix (1), le Comte-Evêque fut de rechef arrêté, et les citains lui demandèrent un nouveau serment, avant de le laisser pénétrer plus loin dans la ville.

Le premier serment ne promettait que la conservation des franchises générales de la cité; celui-ci, plus explicite, garantissait à une certaine classe de citoyens, aux *Lignages*, dont nous parlerons tout-à-l'heure, des priviléges exceptionnels.

« Nous jurons, veues les Sainctes Evangiles, » la main mise à nostre poitrine, comme prélat, » que nous garderons et maintenrons le droit de » la Doyneit et du Siége de Ste-Croix de Verdun, » des veuves-femmes et des orphelins-enffans, et » ne meterons hommes au dict siége, ne en aultre » office de Justice, fors que des ydones (*idoneus*, » capable), soffisans des Lignages antiens de la » ditte citeit. »

Le livret d'or. Le Livret d'Or, Messieurs, duquel j'ai tiré ces détails, contient, comme je viens de le dire, le double serment exigé de nos anciens Evêques

(1) L'Eglise Collégiale de Ste-Croix fut bâtie vers l'an 1010. Les Français la démolirent en 1550 pour faire, du terrain qu'elle occupait, une *place d'armes*. C'est aujourd'hui la place Sainte-Croix qu'orne la statue de Chevert, au centre de la ville.

par la cité de Verdun. La formule de ces serments est calligraphiée aux premières pages, en belles lettres d'or du XIVe siècle. Aux pages suivantes se trouvent écrits, à l'encre ordinaire et en lettres gothiques aussi, le commencement de l'Evangile St-Jean, IN PRINCIPIO ERAT VERBUM, et le passage de l'Evangile St-Luc racontant le message divin de l'Ange à la Vierge Marie, IN ILLO TEMPORE, MISSUS EST ANGELUS GABRIEL. C'était la main levée sur ces paroles sacrées que les Evêques prononçaient leur serment. Le reste du Livret d'or contient le cérémonial de leur entrée solennelle dans la cité. A chacune des pages, le texte est entouré d'une large guirlande de fleurs entrelacées, bordure brillante et délicate, où la main d'un artiste inconnu a mêlé toutes les couleurs, comme dans les grandes verrières de nos anciennes Cathédrales. Ce vénérable et précieux monument des franchises et libertés de vos pères est conservé avec soin dans les archives de l'Hôtel-de-Ville.

Le double serment prêté, les négociateurs et notaires de la cité en dressèrent immédiatement un acte authentique, et l'Evêque continua sa marche au travers la ville. A l'entrée de la rue Châtel, le cortége s'arrêta. Là, dans une chambre préparée à cet effet, Nicolas Psaulme quitta ses vêtements d'Evêque pour endosser ceux de Comte-Palatin, ou prince du St-Empire : c'étaient un mantelet fourré descendant jusqu'à mi-jambe, avec trois nœuds de ruban d'or sur chaque épaule, l'épée au côté et les bottes éperonnées. Dans cet équipage, il monta à cheval, et deux notables de sa suite, tenant les rênes, le conduisirent jusqu'à la chapelle de St-Laurent, située dans le cloître, où l'attendait le Chapitre de la Cathédrale.

Après avoir été complimenté par chacun de Messieurs les Chanoines, il descendit de cheval, quitta ses habits séculiers, revêtit le rochet et la chape que lui présenta le doyen du Chapitre et entra dans sa cathédrale où se firent diverses cérémonies religieuses. L'Evêque se rendit ensuite dans la vaste salle des réunions du Chapitre, et, devant tout son clergé réuni, il jura, en un solennel serment, de conserver les droits, fonds et revenus de l'Evêché, de n'aliéner aucun de ses biens, de faire tous ses efforts pour recouvrer ceux qui avaient été aliénés par ses prédécesseurs, de défendre les priviléges, immunités et franchises de l'Eglise, et de maintenir, en sa ville et comté de Verdun, la paix et la tranquillité.

Ici les biographes de Nicolas Psaulme placent un incident fort honorable pour lui. Sa mère était venue de Chaumont pour voir et admirer son fils en sa nouvelle dignité, ce qui était bien naturel; mais la digne femme crut lui plaire et lui faire honneur en se présentant à lui revêtue d'une belle robe de soie et autres affiquets de la mode d'alors. Nicolas Psaulme ne voulut point reconnaître la pauvre paysanne qui lui avait donné le jour, sous ce déguisement de grande dame. Didière Morel s'éloigna confuse de cet accueil, mais elle en sut profiter. Elle alla reprendre ses jupes de serge et de toile, puis revint vers son fils qui, cette fois, lui tendit les bras et la serra sur son cœur, en pleurant de joie.

Nicolas Psaulme avait trente ans à peine, lorsqu'il prit possession du siège épiscopal de Verdun. C'était une bien grande jeunesse en face de devoirs aussi difficiles que multiples, aussi importants que sacrés! Le nouvel Evêque les accomplira avec la fidélité d'un homme fort et d'un saint; nous le verrons à l'œuvre. Mais auparavant je crois opportun de faire connaître la manière dont la cité de Verdun était gouvernée au moment où Nicolas Psaulme en devint Evêque.

Verdun au moyen-âge.

Verdun, comme tout le monde sait, fit partie de l'ancien royaume d'Austrasie, après la conquête des Gaules par les Franks. Dans la dislocation du vaste empire de Karle-le-Grand (*Charlemagne*), dislocation qui fut consommée en août 843 par le fameux traité signé dans nos murs entre les trois fils de Lodewig-le-pieux, Verdun fut donné à Lother, l'aîné, qui avait le titre d'Empereur. Mais, pendant près d'un siècle et demi, notre cité passa tour-à-tour sous la domination des Rois de France et des Empereurs d'Allemagne, suivant les partages qu'amenaient entre eux des guerres sans cesse renaissantes et des traités sans cesse violés et renouvelés. Enfin, en 986, Lodewig (*Louis le fainéant*), dernier roi Frank de la race de Charlemagne, cède Verdun à l'empereur Othon III. Depuis, Verdun fut considéré comme fief relevant de l'Empire.

Au milieu de ces années de troubles, la Féodalité avait jeté sur le sol de l'Europe ses fortes racines. Les ducs et les comtes, nommés à vie par les rois ou les empereurs pour gouverner telle ville, telle province, s'étaient rendus indépendants et avaient transmis leurs gouvernements à leurs fils comme on transmet une propriété en héritage. Seulement ils reconnaissaient *tenir* leurs domaines d'un *suzerain* dont ils étaient les *vassaux*, et à l'égard duquel ils avaient certains devoirs à remplir. Quelquefois le vassal était plus puissant que le suzerain. Or, Verdun avait un *Comte* vassal de l'Empire, et maître absolu dans la ville : c'était Godefroi, duc de la Basse-Lorraine (1), comte des Ardennes et de Bouillon.

Les Evêques *Comtes* de Verdun.

Son fils Frédérik, prince d'une très-grande vertu, s'étant lié d'amitié avec Aymon, 38e Evêque de Verdun, lui céda en 997 la *Comté* de Verdun en pleine et entière jouissance, avec pouvoir de choisir les magistrats de la cité, les officiers de la milice, de forger monnaie, d'imposer tailles et gabelles pour fournir aux besoins publics. Cette cession fut confirmée par l'Empereur Othon III, en qualité de suzerain, avec obligation pour les Evêques ses successeurs de recevoir, lors de leur prise de possession, *l'investiture du temporel de l'Evêché* des mains de l'Empereur. Aymon est le premier de nos Evêques qui prit le titre de COMTE DE VERDUN.

(1) L'illustre Bruno, Archevêque de Cologne et frère de l'Empereur Othon-le-Grand, avait divisé le royaume de Lorraine *(Lotherrègne)* en deux duchés ; l'un, la Basse-Lorraine, comprenait le Brabant et tous les Pays-Bas, avec Liège et Cologne, l'autre, la Haute-Lorraine ou Mosellane, était formé de l'Alsace, avec Trèves, et de tout le pays qui a gardé depuis le nom de Lorraine. Verdun, ni Metz, ni Toul, ne faisaient partie d'aucun de ces duchés.

Le titre et les droits de Comte de Verdun donnaient un accroissement considérable à la puissance de nos Evêques. Ils étaient déjà possesseurs, dans leur diocèse ou au dehors, de nombreux et vastes domaines dans lesquels ils jouissaient de tous les droits souverains ou *régaliens*, comme on disait autrefois. Aussi leur était-il difficile, en raison de leurs mœurs, de leur caractère, de leurs autres devoirs d'Evêque, d'administrer eux-mêmes ces domaines et surtout de les défendre contre d'ambitieux voisins. C'est pourquoi ils choisirent alors autour d'eux des hommes appartenant à de puissantes familles et leur remirent en mains le gouvernement temporel de leur ville épiscopale et de leurs domaines, avec le titre de *Vicomte*. Le premier Vicomte de Verdun fût Louis de Chiny, en 1028.

Cependant les ducs de la Basse-Lorraine revendiquent à main armée la Comté de Verdun. Godefroi, fils puiné d'Eustache Comte de Boulogne, hérite de son oncle Godefroi-le-Bossu les Comtés d'Ardennes et de Verdun et la Seigneurie de Bouillon, dont il prend le nom qu'il immortalise dans la première croisade. En 1096, Richer rachète la Comté de Verdun et choisit Thierry de Bar pour Vicomte. Mais Alberon de Chiny, l'un des plus illustres de nos Evêques, délivre sa ville épiscopale de la domination des Comtes ou de la protection parfois très-onéreuse des Vicomtes, en choisissant quatre notables bourgeois de la ville auxquels il confia le gouvernement de la Comté de Verdun et l'administration de la justice et de la police. Ces bourgeois, élus par le peuple,

Les Bourgeois associés par l'Evêque au gouvernement de la Cité.

devaient être agréés par l'Evêque, lui prêter serment et exercer leur autorité en son nom. C'était la première fois que les bourgeois de Verdun étaient appelés par leurs Seigneurs à prendre une part quelconque dans le gouvernement de leur Cité. Cet état de choses dura quatre-vingts ans.

Lutte entre les Evêques et les Bourgeois.

Mais bientôt la bourgeoisie Verdunoise entra dans le grand mouvement municipal qui agita aux XIe et XIIe siècles les principales villes de France. La souveraineté de l'Evêque fut attaquée et la *Commune* surgit à Verdun, aussi opiniâtre dans la poursuite de son but, aussi persévérante dans ses efforts, aussi courageuse dans ses revers que partout ailleurs.

Le XIIIe siècle tout entier est rempli par les luttes des Bourgeois de Verdun contre le pouvoir temporel de leurs Evêques, luttes souvent sanglantes, obscures et oubliées dans l'histoire, mais pleines d'intérêt pour nous. Tantôt vainqueurs, tantôt vaincus, ils regagnent ou ils perdent, suivant les phases de la fortune, le droit de se gouverner eux-mêmes. Ce ne fut que vers 1250, qu'un traité, conclu entre Jehan d'Aix et les habitants, assura définitivement à ceux-ci le gouvernement de la Vicomté de Verdun, moyennant une somme de 2000 livres tournois donnée à l'Evêque. C'était la seconde fois que vos pères achetaient de la sorte un droit, pour lequel ils avaient aussi bien souvent versé leur sang.

Désormais les Evêques découragés ne chercheront plus que faiblement à ressaisir leur pouvoir sur la Cité et se contenteront d'exercer, en toute souveraineté, leurs droits seigneuriaux sur les nombreuses prévôtés rurales dépendantes de l'Evêché, tout en conservant du reste le titre de *Comte de Verdun* et de *Prince du St-Empire*, avec le privilége honorifique de donner leur approbation au choix des magistrats, qui gouverneront à l'avenir la *ville libre et impériale de Verdun.*

Or il advint dans cette révolution bourgeoise ce qui arrive dans presque toutes les révolutions faites par le peuple. Le peuple, qui est le bras agissant, se donne une tête qui dirige, commande et parfois garde le pouvoir. Cette tête existait à Verdun.

Les *Lignages.*

Dès 1208, trois riches et puissantes familles, ayant nom d'*Azenne*, *de la Porte* et d'*Estouff*, avaient pris la direction du mouvement communal contre les Evêques. Leur énergie, leur intelligence leur avaient acquis un tel crédit dans la Cité, qu'ils en étaient devenus les véritables chefs, sans que toutefois leur pouvoir fut sanctionné par aucune reconnaissance légale de la part de leurs concitoyens. Cette sanction ne tarda pas à leur être donnée.

Un jour il fallut trouver de l'or, pour payer à l'Evêque la cession de quelques priviléges (1239), et la Commune n'en avait pas. Ces trois dites familles offrirent alors de payer pour la ville, demandant en échange de leur or « telle prééminence sur les citoyens que dorénavant on ne » pourrait élire, pour l'administration de la jus- » tice et de la Comté de Verdun, autres que

» d'entre elles; ce qui fut accordé par le commun » peuple. Par quoi lesdites familles prirent auto» rité et commencèrent à porter armes de noblesse » et écussons (1).» Ce fut là, Messieurs, l'origine de nos LIGNAGES.

Les Lignages (*linea*, lignées) se composaient donc des trois familles anciennes dont nous avons donné les noms. Presque toujours étroitement unies entre elles par la communauté des intérêts et le besoin de se soutenir contre les prétentions des Evêques, qui avaient peine à oublier leur ancienne autorité, elles gardèrent pendant trois siècles le pouvoir *municipal* au sein de notre cité.

Leurs droits et privilèges.

On ne sait rien de bien précis sur l'organisation de la *Commune* à Verdun jusqu'à l'époque où Nicolas Psaulme en devint Evêque : elle fut modifiée à plusieurs reprises. Aux XIVe et XVe siècles, Verdun était gouverné par un *Sénat* que l'on appelait aussi le *Conseil* ou le *Magistrat* de la Cité, dans lequel était concentrée toute l'administration civile, judiciaire, militaire même. Ce Sénat se composait d'un *Doyen* qui s'intitulait *chef des Bourgeois*, de quatre *Echevins* dont l'un s'appelait *Maître-Echevin* et les autres *Echevins du Palais*, enfin d'un certain nombre de membres, nommés *Jurés*.

Ces divers magistrats devaient toujours être choisis parmi les *Lignagers*, et ils étaient élus chaque année par le peuple et par les Lignagers eux-mêmes.

On appelait *Citains*, un nom que je n'ai rencontré nulle part ailleurs, les bourgeois appar-

(1) Wassebourg — Antiquités de la Gaule-Belgique.

tenant aux anciennes familles de la Cité. *Citain de Verdun* était autrefois un titre de noblesse parmi nous.

L'organisation intérieure des Lignages avait aussi un caractère tout spécial. Chacune des trois familles formait un Lignage. Toute personne qui tenait à l'une de ces trois familles par le sang était réputée de son Lignage. Les femmes transmettaient à leurs enfants cette espèce de noblesse, contrairement à ce qui se passait partout : ainsi les enfants de la fille d'un Lignager, qui avait épousé un homme de négoce ou de métier, devenaient Lignagers du chef de leur mère et en avaient les prérogatives. La réception dans un Lignage donnait lieu à une cérémonie solennelle : c'était une espèce d'affiliation. On y prêtait serment ; les enfants seuls, lorsqu'ils étaient *reçus*, étaient provisoirement dispensés du serment en raison de leur jeunesse. « Le jour de fête St-Laurent, 10me en » Aoust de l'an LXIII (1463), furent assemblés en » Congrégation honnorables personnes et sages » Seigneurs du Lignage de la Porte de la Cité de » Verdun, et ce dit jour furent mis et reçus plu- » sieurs au dit Lignage (1). »

Le Lignage d'Azenne tenait ses assemblées au cloître de la Magdeleine, celui de la Porte au chapitre des Cordeliers et celui d'Estouff au chapitre des Augustins.

Cependant, à l'époque dont nous parlons, c'est-à-dire vers 1550, le pouvoir des Lignages touchait

(1) Voir, aux Archives de l'Hôtel-de-Ville, les *Rouleaux* des Lignages. De ces *Rouleaux* il ne reste que quelques fragments fort incomplets.

à sa fin. Ils devaient rencontrer de formidables adversaires dans Nicolas Psaulme, et surtout dans l'ambition de la France qui tendait invinciblement à constituer sa puissante unité aux dépens des petits états libres dont elle était entourée.

Nicolas Psaulme à Bruxelles.

Nous avons laissé Nicolas Psaulme prenant possession du siége épiscopal de Verdun. Le premier acte du nouvel Evêque, après son sacre qui eut lieu le 26 août, fut un voyage à Bruxelles, où il alla demander à l'empereur Charles-Quint remise d'une amende de 9,000 florins du Rhin, à laquelle il avait été condamné par ce prince, pour s'être mis en possession de l'Evêché de Verdun sans avoir reçu de l'autorité impériale l'investiture du temporel. L'Empereur, touché de cette démarche, n'exigea pas le paiement de l'énorme amende imposée à notre Evêque, qui fut admis à faire les *foi* et *hommages* ordinaires entre les mains de son Suzerain, pour les fiefs de son Evêché relevant de l'Empire. Ces fiefs étaient encore nombreux ; c'étaient, outre la ville de Verdun, les cinq prévôtés de Charny, Mangiennes, Fresnes, Tilly et Dieulouard-sur-Moselle.

Vingt autres Seigneuries appartenaient autrefois aux Evêques de Verdun, mais ils les avaient perdues, soit en les aliénant pour divers motifs, soit en se les laissant prendre par leurs voisins : ainsi il en était de Chiny, Virton, d'une partie de Damvillers, de Clermont, Varennes, Vienne-le-Château, Montfaucon, Dun, Stenay. Psaulme, ne pouvant songer à reprendre jamais par la force ces domaines perdus, fit devant l'Empereur une solennelle mais parfaitement inutile protestation contre tous les détenteurs, et revint dans son diocèse.

Du reste, des affaires qui le touchaient peut-être de plus près appelaient son attention sur sa ville épiscopale elle-même.

Nicolas Psaulme et les Lignages.

Nicolas Psaulme, arrêté devant la Collégiale de Ste-Croix, lors de sa première entrée solennelle à Verdun comme Evèque, avait dû jurer, on s'en souvient, de garder et maintenir les priviléges des Lignages.

Mais, à peine au palais épiscopal, il avait compris que ce serment le liait à la conservation d'un état de choses qu'il regardait comme contraire aux droits et prérogatives des anciens Evèques-Comtes de Verdun. A ses yeux le pouvoir des Lignages était une usurpation que trois siècles d'existence n'avaient pas légitimée. Il crut que son devoir et son honneur l'obligeaient à l'attaquer et à l'affaiblir. Seulement son serment lui paraissait une entrave; il songea à s'en faire délier. Du reste l'occasion de mettre ses projets à exécution ne tarda pas à se présenter, et Nicolas Psaulme n'était pas homme à la laisser échapper.

En cette année même de 1548, un rescrit impérial avait ordonné de réparer les fortifications de notre ville et d'y mettre garnison allemande. Charles-Quint voulait s'assurer de Verdun contre la France. Les Lignages firent humbles représentations à l'Empereur, lui disant, qu'une garnison mise par lui était une violation des priviléges et franchises de la Cité, laquelle ne recevait jamais ni troupes impériales ni autres dans ses murs, que c'était la faire sortir de sa neutralité et donner aux Français un prétexte plausible de s'en emparer. C'est pourquoi ils demandaient de garder eux-mêmes leurs murailles, leurs personnes et leurs biens, comme par le passé, promettant de ne rien faire ni souffrir de contraire aux intérêts dudit Empereur. Charles-Quint se fia à la parole des Lignages, qui lui garantissaient la fidélité des habitants de Verdun, et même leur donna maintien et confirmation de leurs priviléges.

C'était là, pour les desseins de Nicolas Psaulme, un fâcheux contre-temps. Mais ce prélat avait autant de patience pour attendre la réalisation de ses desseins que d'habileté pour en assurer le succès. Il souscrivit donc sans difficulté à la décision impériale, approuva hautement quelques mesures prises par les Lignages pour le bien public de la Cité, cherchant, par ce désintéressement, à n'exciter aucun soupçon parmi les bourgeois, et à se concilier l'affection du peuple, c'est-à-dire des gens de négoce et de métiers.

Mais en même temps il recueillait leurs plaintes et doléances contre ces chefs qui, ayant fixé le pouvoir dans leurs familles, à l'exclusion de toutes les autres, devaient avoir immanquablement des rivaux et des jaloux. On les accusait de détourner les deniers publics, d'en disposer sans rendre aucun compte au peuple, et d'user parfois de menaces et de violences pour empêcher d'appeler de leurs jugements au tribunal de l'Evêque, à qui appartenait de prononcer en dernier ressort.

D'un autre côté, Nicolas Psaulme s'adressait au Légat du Pape, à Bruxelles, afin d'obtenir une sentence qui annulât son serment et lui laissât toute sa liberté d'action.

Il se fait relever de son serment aux Lignages.

Vu la requête de Nicolas Psaulme, et sur son affirmation qu'il avait été trompé lors de sa prise de possession de la Comté de Verdun, que les droits et priviléges des Lignages étaient usurpés, que du reste ils en abusaient au grand détriment de la chose publique, le Légat, par un bref daté de Bruxelles, au mois de novembre 1549, usant de son autorité apostolique, délia l'Evêque de Verdun de son serment, et décréta qu'il pouvait retirer aux Lignages l'exercice de leur puissance et les remplacer à son gré, dans leurs charges et fonctions, par d'autres citoyens, sans encourir en aucune façon la note infamante de parjure (1).

Décision de Charles-Quint.

Ainsi, assuré d'une part des sympathies du peuple de Verdun, et d'ailleurs en paix avec sa conscience, Nicolas Psaulme porta ses griefs à la connaissance de l'Empereur, qui ordonna que l'on put interjeter appel des sentences de l'Hôtel-de-Ville au tribunal du Palais épiscopal. Nicolas Psaulme se contenta pour le moment de ce droit reconquis et désormais incontesté qui était, lui paraissait-il, la plus belle prérogative de sa couronne de Comte-Evêque, celle à laquelle il tenait par-dessus tout : en effet, être et demeurer *haut justicier* dans sa ville épiscopale, c'était, dans sa conviction, y assurer la bonne et loyale administration de la justice. Par le même décret, Charles-Quint imposa aussi, à ceux des trois anciennes familles qui seraient nommés pour l'exer-

(1) Voir le Bref du Légat à la fin du volume : Pièce justificative n° 2.

cice de la magistrature et juridiction tant civile que criminelle, l'obligation rigoureuse de *prêter serment* entre les mains de l'Evêque *à la manière accoutumée*. Sans doute qu'à l'occasion les Lignagers se dispensaient volontiers de cet hommage rendu à la puissance épiscopale (1).

Cette décision de l'Empereur fut notifiée aux habitants de Verdun et aux Lignages. Cependant Nicolas Psaulme usa de cette première victoire avec tant de modération et de sagesse, que ceux même aux dépens desquels il l'avait gagnée ne purent s'empêcher de le tenir en estime. Du reste il réforma quelques abus, fit droit à diverses réclamations, et sut apaiser les discordes et les brouilleries qui troublaient la paix de la Cité.

Notre Evêque au Concile de Trèves.

Les années 1549 et 1550 furent employées de la sorte par notre prélat à maintenir son autorité temporelle et à reprendre quelques terres autrefois du domaine de l'évêché (2). Ces soins ne l'empêchaient pas du reste de remplir ses devoirs d'Evêque

(1) Il serait curieux de voir comment les Lignages apprécient la conduite de Nicolas Psaulme en cette affaire et la décision de Charles-Quint, dans une Requête adressée par eux au Roi en 1613. Les Lignages y montrent contre Nicolas Psaulme une telle acrimonie et flattent si fort le Roi qu'on peut douter de la vérité de leurs reproches. Cette pièce est conservée aux Archives de l'Hôtel-de-Ville.

(2) A cette époque il acheta la terre de Woimbey d'un comte d'Estaples et la réunit au domaine de son Eglise. Ce comte d'Estaples, paraît-il, favorisait les Huguenots, car le P. Hugo dit dans son histoire de N. Psaulme que Woimbey, aux rives de la Meuse, était, pour l'hérésie naissante, comme une citadelle très-forte : *Wimbeum tutissimam, ad Mosæ ripas, vagientis hæreseos arcem.....*

Les Evêques de Verdun prenaient dans les actes publics le titre de *Seigneur de Wimbey* (coutume de Verdun 1743).

avec zèle et intelligence. Ainsi il se rendait au Concile provincial de Trèves où il obtenait parmi les Evêques une grande réputation de savoir et de vertu, et, de retour dans son diocèse, il réunissait et faisait imprimer les canons et règlements du Concile sur la foi et les mœurs, afin de prémunir ses diocésains contre les idées protestantes.

Après son voyage de Trèves on parla de sa translation à l'évêché de Bayonne. Les Lignages crurent un moment qu'ils allaient être délivrés de cet homme qu'ils commençaient à redouter et qu'ils n'aimaient guère : eux-mêmes ils usèrent de toute leur influence pour le décider à accepter ; mais leur espoir fut déçu, et Nicolas Psaulme resta Evêque de Verdun.

Au mois de juillet 1551, il reçut de l'archevêque de Trèves, son métropolitain, l'ordre de se rendre au Concile de Trente. Avant d'y suivre notre Evêque, disons un mot de ce qui occasionna la réunion de cette célèbre Assemblée.

Le Protestantisme.

Il y avait trente-trois ans que Luther avait poussé en Allemagne un cri de révolte contre l'autorité et l'enseignement de l'Eglise, cri que Calvin, comme un écho grossissant, avait répété en France et en Suisse (1533), et qui devait avoir des conséquences inouïes.

Conséquences, au point de vue politique : les guerres de religion qui désolèrent l'Europe et surtout la France pendant près d'un demi-siècle ; au point de vue religieux : la grande et belle unité chrétienne à tout jamais brisée ; au point de vue moral et intellectuel : l'émancipation absolue de la pensée, le libre examen de toutes choses, même en matière de foi, arme dangereuse qui blesse autant qu'elle défend.

Sans doute, nous l'avouons sans peine, il y avait dans l'Eglise, aux XVe et XVIe siècles, bien des abus à faire disparaître, quelques désordres à réprimer et des réformes à introduire. Mais, ce qu'il était permis à un Gerson ou à un Amyot, tous deux contemporains de notre évêque Psaulme, tous deux, comme lui, humbles de nom, pauvres de naissance, ce qu'il était permis, dis-je, à ces hommes illustres de demander en fait de réformes dans l'Eglise, ne devait l'être ni à Luther ni à Calvin.

Le Protestantisme, qui prit le nom prétentieux de RÉFORME, ne réforma rien du tout dans l'Eglise, pas plus qu'une armée assiégeante ne fortifie la place qu'elle attaque, parcequ'elle oblige les habitants à réparer leurs murailles et à veiller à leur sûreté. Ce fut l'Eglise elle-même qui, menacée de toutes parts, travailla à sa *réforme*, et ce fut dans les sessions du Concile de Trente que s'élabora ce grand travail. Convoqué en 1545, ce Concile, qui devait se prolonger jusqu'en 1563, fut souvent interrompu pour différentes raisons dont je n'ai point à parler.

Premier voyage de N. Psaulme au Concile de Trente.

Nicolas Psaulme arriva à Trente vers le milieu de l'année 1551, et souscrivit à deux sessions le 1er septembre et le 11 octobre.

Mais les affaires générales de l'Eglise ne l'occupaient pas tellement qu'il oubliât celles de son

Diocèse. De Trente, il s'adressait à l'Empereur, qui lui répondait d'Arras (août 1551) de se tranquilliser touchant son évêché, qu'administrait l'évêque de Toul en son absence ; il s'adressait au roi de France, Henry II, qui, par lettres datées de Lyon (13 octobre), confirmait la qualité de ville neutre déjà donnée à Verdun par François Ier. Pourtant le jour était proche où ce même Henry II allait ravir à notre ville cette neutralité, cette indépendance qu'il reconnaissait alors, et à laquelle vos pères tenaient si fort.

En effet, lorsque Nicolas Psaulme, ayant quitté le Concile, dont les sessions ne devaient être reprises que l'année suivante, revint à Verdun vers la fin de 1551, il trouva tous les esprits en de grandes alarmes occasionées par la présence d'une armée française en Lorraine. Pour comprendre la présence de cette armée dans notre pays, il nous faut, Messieurs, faire un instant de l'histoire générale de France.

Les Français en Lorraine.

Le 5 octobre 1551, Henry II avait conclu avec les princes Luthériens d'Allemagne, contre Charles-Quint, un traité par lequel lesdits Princes « trou-
» vaient bon que le Seigneur Roy de France
» s'impatronisât des villes impériales qui n'étaient
» pas de langue germanique, comme Cambrai,
» Metz, Toul, Verdun et autres semblables, et les
» gardât en qualité de *Vicaire du St-Empire*,
» réservés les droits du dict Empire sur les dittes
» villes. » Ce traité avait été accueilli par la France d'alors avec enthousiasme. On songeait à

reprendre tout l'ancien royaume d'Austrasie « héritage des Franks. » Aussi depuis longtemps on n'avait vu une armée aussi belle et aussi leste que celle qui se réunissait, entre Châlons et Vitry, sous les ordres du vieux connétable de Montmorency.

Au commencement du printemps 1552, le roi vint rejoindre ses troupes, passa la Meuse, occupa Toul, reçut la soumission de Metz et se présenta devant Strasbourg, qui lui fournit des vivres, mais lui ferma ses portes. Puis l'armée française, « après avoir abreuvé ses chevaux dans les eaux » du Rhin, » tourna le dos à ce grand fleuve, qui ne devait pas, de sitôt encore, former frontière à notre patrie, et se divisa en deux corps, dont l'un, ayant Henry II à sa tête, se replia sur la Lorraine et vint camper devant les murailles de Verdun.

Le Roi de France à Verdun.

Pas plus que Toul et Metz, Verdun ne songea à résister au roi de France, et, le lendemain 12 juin 1552, Henry II faisait en grande pompe son entrée solennelle dans sa nouvelle conquête.

Le peuple salua le Roi de ses plus bruyantes acclamations, et cria *Noël !* sur son passage, l'évêque Nicolas Psaulme lui fit, devant le grand portail de la Cathédrale, une fort belle harangue, et lui donna le soir un dîner splendide au palais épiscopal. Mais les Lignages et la haute bourgeoisie ne virent pas sans un secret déplaisir les bannières françaises flotter dans les rues de la Cité. Ils sentaient qu'elles leur apportaient, dans leurs plis orgueilleux, la ruine de nos vieilles libertés municipales et la destruction de leur pouvoir.

Nicolas Psaulme ne *livra* point Verdun aux Français.

Je ne puis, Messieurs, passer outre sans m'arrêter un instant afin d'étudier le rôle que joua Nicolas Psaulme dans cette révolution qui fit à tout jamais de notre *Cité impériale* une ville française. Car on a écrit récemment (1) que ce fut lui qui *livra* Verdun à Henry II.

D'abord, Messieurs, il ne faut pas oublier deux choses, c'est que la conquête des Trois-Evêchés était à la fois désirée par la France et favorisée par les Guises, qui jouissaient à la cour d'un crédit immense. Elle était désirée par la France : Henry II avait saisi l'occasion de mettre la main sur Metz, Toul et Verdun, avec un empressement qui indique qu'il comprenait les vrais intérêts de son royaume, et la France de 1550 avait vu dans l'expédition de Lorraine une guerre nationale, au succès de laquelle, succès facile du reste, elle avait applaudi avec un élan tout patriotique.

Elle était, avons-nous dit, favorisée par les Guises : cette puissante famille, qui avait alors pour chefs le duc François, le meilleur capitaine du temps, et son frère Charles, cardinal de Lorraine, le plus habile diplomate, approuvait les desseins de Henri II, et l'aidait dans son entreprise. Le capitaine l'aidait de son épée, le cardinal de son habileté et de son titre de Légat du Pape dans les Trois-Evêchés; tous deux, de la grande influence que leur valaient en nos contrées leur titre de Princes lorrains et leurs relations de familles.

Que pouvait faire Nicolas Psaulme? — Résister

(1) *Géographie de la Meuse*, publiée à Verdun en 1862. Article VERDUN.

au Roi ? Mais c'était exposer inévitablement sa ville épiscopale aux horreurs d'une prise d'assaut ; et puis, l'eut-il voulu, le peuple s'y serait opposé. — Protester contre l'occupation française ? Mais Henry II ne prenait point les allures d'un conquérant, il se présentait aux gens de Verdun comme *protecteur* de leur ville, il déclarait ne vouloir user d'aucun autre droit que ceux que lui donnait son titre de *Vicaire du St-Empire*, dans une ville libre et impériale, titre qui lui avait été conféré par les Princes allemands.

Le plus sage donc de la part de notre Evêque, et le plus utile pour Verdun, était la soumission. Après tout cependant, je n'affirmerai pas, Messieurs, que Nicolas Psaulme, l'ami et le protégé des Guises, n'ait pas, sous leur influence, accepté de bonne grâce un évènement qu'il ne pouvait empêcher ni retarder ; mais il ne fit rien pour inspirer ou pour aider l'annexion de sa ville épiscopale à la France. Il ne *livra* pas Verdun à Henry II ; néanmoins nous allons voir que son autorité y gagna.

Constitution donnée par le Cardinal de Lorraine à la ville de Verdun.

Le jour même de son entrée à Verdun, Henry II ayant convoqué les *Trois Etats de la Cité* : noblesse, clergé et peuple, leur dit à quel titre il se trouvait au milieu d'eux, leur déclara qu'il les voulait gouverner comme *Protecteur*, et qu'il donnait au Cardinal de Lorraine ses pleins pouvoirs pour faire en leur Cité les règlements et changements nécessaires. Puis, le lendemain, il quitta Verdun, y laissant garnison française sous le commandement du bourguignon Gaspard de Saux-Tavannes, l'une des figures militaires les mieux accentuées de cette époque (1).

Aussitôt après le départ de Henry II, le Cardinal de Lorraine « expressément commis et députez par » le Roy Très-Chrestien, vicaire du Sainct-Empire » ez Cités de Verdun, Metz et Toul, » s'empressa d'user de son pouvoir et fit proclamer en la *Salle épiscopale* « l'ordre et règlement qui, dorénavant, » sera tenu et observé au fait du régime et gouver- » nement de la Cité de Verdun, tant en ce qui » concerne la police que la justice. » Cette proclamation eut lieu en présence « de Révérend Père » en Dieu Monseigneur Nicolas Psaulme, évesque » et comte de Verdun, et des citoyens ou habitants » du dict Verdun comparans en personne, ou la » plus saine partie d'iceulx. »

Le *Sénat, Conseil* ou *Magistrat*, autrefois constitué par les Lignages, fut dissout. Un nouveau *Conseil* fut établi : il devait se composer d'un *Doyen*, de quatre échevins et de vingt conseillers, en tout vingt-cinq personnes, nommés à vie par l'évêque, sur la présentation d'une liste de cinquante candidats, « *prins et choisis par tout le* » *peuple*, de bons notables et vertueux person- » nages, citoyens et bourgeois d'icelle Cité et natifs » ou ayant domicile en icelle. » Le Doyen sera choisi par l'Evêque au sein du conseil, et devra rester en charge trois années; les Echevins seront choisis par les Conseillers et parmi eux; ils devront

(1) Le bois et la fontaine de *Tavannes*, situés à quelques kilomètres de la ville, rappellent sans doute par leur nom, le souvenir du premier commandant militaire de Verdun.

se renouveler chaque année ; l'Evêque confirmera leur élection à l'*eschevinage*. Le secrétaire ou greffier du Conseil sera aussi à la nomination de l'Evêque, et le receveur des deniers publics à celle du Conseil. « Ez choses importantes et ardues, » concernantes le bien public, y aura deux commis » de l'Eglise cathédrale et un de l'Eglise collégiale » de la Magdeleine appelés au dict conseil, lesquels » auront voix et suffrage comme les dicts Conseil- » lers. »

Le Doyen, assisté de ses quatre Echevins, jugera les causes civiles, autrefois du ressort *du Siége de Ste-Croix*, comme les affaires de tutelle, saisies, expropriations, et réglera certaines affaires publiques de la commune.

« Au regard du fait et administration de la » justice ordinaire, est advisé, statué et ordonné » que, par chacun an, au jour accoutumé, le » peuple se trouvera de bon matin, chacun en » sa paroisse, où, après la messe parochiale ditte, » *les paroissiens* commettront *gens ayant puis-* » *sance pour tout le peuple* afin de nommer et » présenter au dict Seigneur Evesque quinze ou » seize bourgeois, bons et notables personnages, » tant de ceulx du dict Conseil que du peuple, » pour être commis à l'exercice de la dicte jus- » tice. Desquels, ainsy nommés et présentés, » le dict Seigneur Evesque élira et choisira un » certain nombre, et iceulx establira et instituera » au dict exercice de la justice, en recevant d'eulx » le serment deubt et nécessaire. » Ces magistrats formant tribunal devront connaître, en première instance, toutes les affaires criminelles, et, parmi les affaires civiles, celles qu'on ne porte pas au siége de Ste-Croix.

« Des sentences de *tous lesquels juges* le dict » Seigneur Evesque ou ses commis seront réfor- » mateurs, par appellation ou quérimonie, en tous » cas civils et criminels. »

D'après ce qui précède, Messieurs, vous pouvez voir quelle est l'idée qui domine dans cette espèce de constitution donnée par le Cardinal de Lorraine à la ville de Verdun : c'est à coup sûr une idée *démocratique*, si je puis employer ce mot inconnu alors. C'est le peuple, et partout le peuple, qui choisit ses chefs civils et judiciaires et les présente à l'Evêque. L'Evêque, sans doute, recouvre le pouvoir réel de Comte de Verdun, mais le peuple a sa part dans la victoire : tout bourgeois désormais peut prétendre aux charges et emplois autrefois exclusivement remplis par les Lignages.

L'autorité des Lignages détruite.

Ainsi furent anéantis les priviléges de ces vieilles familles Lignagères; ainsi elles perdirent, pour ne plus la recouvrer, cette espèce d'autocratie bourgeoise qu'elles avaient conquise sur les Evêques de Verdun, par leur intelligence et leur courage, et qu'elles avaient conservée par leur sagesse et leur habileté à travers des vicissitudes sans nombre.

Verdun, Messieurs, doit garder le souvenir de ces Lignagers, qui, au moyen-âge, en firent une Cité plus importante qu'elle ne l'est aujourd'hui par sa population (1) et son commerce; de ces

(1) En 1246 Verdun mettait sur pied une armée de *douze à treize mille* hommes, presque tous de la ville. (Roussel, *Histoire de Verdun*.)

riches et généreux Citains, qui, de leurs propres deniers, fondèrent ou dotèrent vos hôpitaux (1), jetèrent des ponts sur vos rivières (2), construisirent vos Eglises et élevèrent vos remparts et vos hautes tours (3). L'un d'eux, Claude Senocq, reçut de la reconnaissance de ses concitoyens le titre glorieux de *Père et de Nourricier du peuple* (4). Restent encore parmi nous, descendants de ces nobles et anciennes familles, les noms honorablement portés, des de Watronville, du Lignage de la Porte, des Senocq et des de Roton, du lignage d'Estouff.

Sur leur ruine, fut de nouveau reconstitué le pouvoir épiscopal, grandement amoindri, il est vrai, par la *protection* impérieuse de la France, protection qui ne devait pas tarder à devenir une véritable domination. L'habile Cardinal de Lorraine le savait fort bien; mais, en favorisant le pouvoir épiscopal, il donnait à son ami Nicolas Psaulme, en la fidélité duquel il pouvait compter, une marque de confiance, et il n'irritait pas trop les bourgeois de la Cité, qui, sous le gouvernement de leur

(1) Constantius fondait l'hôpital de St-Nicolas de Gravière en 1140. En 1219 Liétard de Watronville le dotait et s'y faisait serviteur des pauvres.

(2) Le même Constantius fit jeter trois ponts sur la Meuse, et fournit le plomb qui forma le toit de la Cathédrale jusqu'en 1755.

(3) Vautrec ou Valdrac, doyen de la Cité, fit construire, vers 1380, la belle tour géminée et à créneaux située à l'extrémité du Pont Chaussée. Ce fut lui aussi qui fit élever les voûtes de la grande nef et du chœur de la Cathédrale vers 1390.

(4) Ce titre, donné à Claude Senocq, Conseiller de la Cité vers 1552, se trouve rappelé par le prince Erric de Lorraine, Evêque de Verdun, dans des lettres de reconnaissance de noblesse qu'il donne à la famille Senocq en août 1600.

Evêque, pouvaient encore s'illusionner et se croire Ville libre, si toutefois cela était possible en présence des arquebusiers de M. de Tavannes.

Du reste, le Cardinal ne cacha pas trop aux Verdunois la main sous laquelle ils étaient tombés, car il prit, sans beaucoup de façon, pour cette année 1552, « la puissance et aucthorité de dresser » et establir lui-même les dicts conseil, sénat et » justiciers et aultres officiers susdicts. » Afin de justifier cet abus d'autorité, il se l'attribua comme récompense « pour le bon vouloir qu'il a desmontré » envers la dicte Cité. »

« Ce règlement ayant donc été lu à toute la » Communauté de Verdun assemblée à cet effet, » le dict Seigneur Cardinal demanda si quelqu'un » avait à dire quelque chose au contraire, et nul » s'étant opposé, ainsy chascun ayant acquiescé, » consenti et accordé, il nomma ceulx qu'il avait » choisis et élus ez offices de Doyen, eschevins, » justice, conseil et Sénat. » Le Cardinal, au nom du roi, l'Evêque au sien propre reçurent ensuite leur serment, « après toutesfois que les dis du » Conseil ont entendu que le dict serment par » eulx presté estait sans préjudice du droict de » l'Empire, et que le dict Seigneur Roy le faisait » comme vicaire diceluy. » Vaine formule, laissée par le Cardinal de Lorraine à l'amour-propre des Citains de Verdun ! Illusoire satisfaction donnée à leurs vieilles idées de ville libre et impériale (1) !

(1) Deux pièces relatives au Règlement de justice et de police donné à la Cité de Verdun par le Cardinal de Lorraine se trouvent aux archives de l'Hôtel-de-Ville.

L'une, la moins précieuse, en papier ordinaire, a été copiée sur

Charles-Quint devant Metz.

Pendant que le cardinal organisait de la sorte la nouvelle conquête française, Charles-Quint avait fait sa paix avec les Princes luthériens d'Allemagne (traité de Passau, 2 août 1552), et il lui tardait de reconquérir, avec son prestige aux yeux de l'Europe, les Trois-Evêchés qui venaient d'être enlevés à l'Empire. Le 20 octobre 1552, il plantait sa tente sur le mont St-Quentin, près de Metz, déployant autour de cette grande ville une armée de soixante-dix mille hommes et la foudroyant du feu de cent quatorze pièces de canons, nombre énorme pour cette époque.

Verdun devait immanquablement être assiégé par les Impériaux, si Metz venait à tomber en leur pouvoir. Il fallait donc songer à se mettre en défense.

Nicolas Psaulme et Tavannes, l'évêque et le capitaine, en appelèrent au peuple. Quelques griefs furent oubliés devant le danger commun, et l'on résolut de demeurer fidèles à la nouvelle patrie.

Nicolas Psaulme aux remparts.

Aussitôt tous, nobles et bourgeois, clercs et peuple, les femmes elles-mêmes, se mirent à *besogner* aux fortifications de la ville. On répara les brèches des remparts, on éleva des retranchements en terre, on traîna des canons. Comme le héros qui défendait Metz, Nicolas Psaulme porta lui-même la *hotte*, pour donner l'exemple et encou-

un manuscrit de la Bibliothèque de l'abbaye de St-Vannes. C'est celle que je donne au n° 5 des *Pièces justificatives*.

L'autre, beaucoup plus curieuse, est un vieux parchemin noirci par le temps, écrit en caractères et en style de 1552, c'est l'original. Il porte au bas le paraphe du Cardinal de Lorraine, avec la signature de son secrétaire, Breton : Un sceau de cire rouge aux armes de Guise-Lorraine, à moitié brisé, y est appendu.

rager les travailleurs. Le clergé de Verdun paya chaque jour la solde de 755 ouvriers.

On songe à détruire l'abbaye de St-Paul.

Ce fut à cette occasion que fut détruite l'abbaye de St-Paul, dont notre Evêque avait conservé l'administration après en avoir été abbé. Cette grande et belle abbaye était située hors des murs, derrière le bastion actuel voisin de la caserne St-Paul. La contrée porte encore aujourd'hui le nom de *Vieille St-Paul*.

Quoiqu'environnée de tours, de murailles et de fossés, cette abbaye n'avait aucune valeur pour la défense de la place ; elle gênait au contraire et commandait les ouvrages que l'on construisait de ce côté. Les ingénieurs du roi jugèrent nécessaire de la démolir : Nicolas Psaulme fut sensiblement affligé de ce projet. Il aimait cet asile pieux de son enfance et de sa première jeunesse ; puis les édifices étaient vastes et considérables, l'église magnifique. Il demanda donc aux ingénieurs de modifier leurs plans et de renfermer son cher couvent dans une nouvelle enceinte de la ville, s'engageant à subvenir lui-même aux frais qu'occasionnerait cet agrandissement des fortifications. Les ingénieurs refusèrent. Il s'adressa alors à son tout-puissant protecteur, le Cardinal de Lorraine, et le pria d'obtenir du roi que son abbaye fut épargnée. Le Cardinal lui répondit le 3 septembre 1552 :

« Monsieur de Verdun..... Pour mon abbaye » de St-Paul, je ne désire rien moins que vous » qu'elle demeure debout, mais puisque le service » du roy, que j'ay toujours préféré à mon intérêt » particulier, et la nécessité veulent qu'elle soit » abattue, il n'y a remède. Pour ce, touttes les

» fois que le sieur de Tavannes vous dira qu'il la » faut abattre, vous n'y mettrez aucun empesche- » ment, et ferez retirer mes Religieux aux Frères- » Prescheurs, qui cependant se retireront en l'un » des hospices du dict Verdun, jusqu'à ce que j'y » aie aultrement pourveu. J'écris un mot au sieur » de Tavannes, afin de commander aux dicts » Frères-Prescheurs qu'ils se retirent. Et quant » aux pierres, bois et aultres matières qui provien- » dront de la ruine de ma dicte abbaye, vous les » ferez le mieux conserver qu'il sera possible, » pour en faire ce que nous adviserons cy-après. » Et si on les voulait prendre pour employer à » aultres choses qu'à ce que j'en aurais ordonné, » vous direz qu'avez charge de n'y laisser toucher » sans mon ordonnance et mandement exprès (1). »

Voyez-vous, Messieurs, ce puissant Cardinal qui gouvernait presque la France, de moitié avec son frère, le voyez-vous s'occuper de ce que l'on pourra faire des démolitions de son abbaye?

Démolition de l'ancienne abbaye de St-Paul hors des murs

Sa lettre était un arrêt de destruction : l'abbaye de St-Paul fut démolie « rez pied, rez terre » en six jours. Mais auparavant le pieux et intelligent prélat fit recueillir toutes les inscriptions et épitaphes qui se trouvaient sur les tombes et ailleurs dans l'église du couvent. Ce recueil a été conservé jusqu'à nous et peut intéresser les amateurs d'archéologie et d'histoire locale.

Nicolas Psaulme s'éloigne de sa ville épiscopale.

Nicolas Psaulme n'eut pas le courage d'assister à la ruine de son abbaye : il s'éloigna de sa ville épiscopale et se retira au couvent de Vannault-les-

(1) Mathieu Husson l'Ecossois, *Continuation de l'Histoire de Verdun.*

Dames, près de Vitry, dépendance de celui de St-Paul, « en plus grande crainte du bruit de la sappe » et du marteau contre son église que ne fut jamais » le plus craintif du tonnerre et du feu du ciel en » grande tempeste (1). »

L'absence de Nicolas Psaulme ne ralentit point la mise en état de défense de la place. L'indomptable Tavannes avait requis des ouvriers dans toutes les campagnes voisines ; nuit et jour, sans trève ni relâche, il faisait travailler aux remparts. Mais cette agglomération d'hommes, les fatigues qu'ils supportaient et le remuement malsain des terres amenèrent des maladies contagieuses, qui se développèrent à la longue et causèrent la mort d'un très-grand nombre de personnes dans la Cité.

Heureusement que le 1er janvier 1553, Charles-Quint, découragé par une défense admirable, leva son camp de devant Metz et repassa la frontière, traînant péniblement à sa suite les débris de son armée en désordre. Verdun fut dès lors délivré de l'épidémie, de la crainte d'un siége et d'une partie de la garnison française qui, en certains moments, se comportait un peu trop comme si elle eut été en pays conquis.

Nicolas Psaulme était revenu dans sa ville épiscopale à la nouvelle de la maladie qui la désolait, et s'y était conduit en pasteur qui donnerait volontiers sa vie pour son troupeau. Son retour.

(1) L'emplacement de l'ancienne abbaye de St-Paul, hors des murs, va très-probablement être occupé par la gare du chemin de fer de Châlons à Metz.

DEUXIÈME CONFÉRENCE.

RÉORGANISATION DES HOPITAUX.

VERDUN ATTAQUÉ PAR LES HUGUENOTS.

DE 1553 A 1562.

Le sage et pieux Fénelon, exprimant dans une admirable fiction les désirs de son noble cœur, nous montre deux peuples heureux ; l'un par sa propre sagesse et l'autre par celle de son roi. Je suis loin, MESDAMES et MESSIEURS, de pouvoir faire de notre pays, au temps de Nicolas Psaulme, une peinture pareille à celle que le Cygne de Cambrai faisait de la Bétique et de Salente (1). Nous entrons dans l'une des plus tristes époques de l'histoire, où Dieu semble avoir laissé tomber sur l'humanité coupable tout le poids de sa justice, où les peuples et les rois, aveuglés de toutes façons, se trouvent frappés de tous les fléaux : et cela durera cinquante ans.

Verdun, Messieurs, aura sa part de misère ; mais elle sera moindre que partout ailleurs, grâce à l'esprit d'ordre de ses habitants et à leur fidélité à l'antique foi chrétienne ; grâce aussi à la sagesse

(1) Télémaque. *Livre XIII* et *livre XXI*.

de son Evêque, dont nous continuons à étudier la vie.

La mort de François Ier n'avait point terminé la lutte entre la France et la maison d'Autriche. Nous avons vu Charles-Quint reprendre avec le fils la vieille querelle qu'il avait eue avec le père, et l'on sait comment il se plaignait de la fortune qui, disait-il, *allait au plus jeune* (1). Or, ces guerres continuelles dont notre pays, frontière de France et de l'Empire, fut le théâtre, avaient ruiné à diverses reprises les villages, dispersé les laboureurs, incendié ou détruit les moissons et empêché la culture des terres. La misère était grande dans les campagnes, et plus grande encore dans les villes : le pauvre des villes avait sans doute alors, comme il a aujourd'hui, plus de ressources au dehors ; mais il sait moins se suffire à lui-même que celui des campagnes.

Misère publique.

Nicolas Psaulme, témoin de la situation déplorable dans laquelle se trouvait la classe indigente de sa ville épiscopale, témoin aussi des abus d'une mendicité parfois insolente, songea à y porter remède. Deux moyens lui parurent bons : Réorganiser les hôpitaux, dont les biens, mal administrés, passaient souvent aux employés, au lieu de servir au soulagement des pauvres et des malades, et faire un appel à la bienfaisance publique, afin d'ôter à certains mendiants, les moins nécessiteux en général et les plus paresseux, le prétexte de tendre la main dans la rue.

Nicolas Psaulme songe à y porter remède

(1) Charles-Quint forcé de lever le siége de Metz disait tristement : « Je vois bien que la fortune est femelle : mieux aime-t-elle » un jeune roi qu'un vieil empereur. »

C'est pourquoi, vers la fin de 1558, notre Evêque présenta aux Etats de la ville un mémoire contenant ses projets relatifs à la réforme des hôpitaux et à l'organisation de la charité. Ce mémoire avait pour titre : *Advis de Monseigneur l'Evesque et comte, pourtant le règlement et ordre des hospitaulx de la Cité de Verdun. Ensemble l'institution de l'aulmosne publique, pour estre présenté aux trois Estats du dict Verdun* (1).

Réforme des hôpitaux.

Le règlement qui réforme et réorganise nos hôpitaux établit d'abord un Bureau composé de quatre ou cinq personnages élus par les Trois-Etats de la Cité, lesquels devront « veoir et cognaistre » l'estat et le maniement de tous les revenus des » dits hospitaulx... et seront les dits commis et » députés appelés *Recteurs de l'Aulmosne*, qui » n'auront aucun gaige ni récompense que celle de » Dieu. » C'est là, Messieurs, l'origine des bureaux et commissions qui régissent nos hôpitaux.

A chacun des hôpitaux de la ville est ensuite donné son lot : le petit hôpital St-Jacques ou *Aumônerie* recevra les orphelins ; il y aura un maître d'école dont les leçons seront publiques, afin que tous les enfants de la ville en puissent profiter. La *Maison-Dieu* de Ste-Catherine servira d'asile aux pauvres non malades, et lorsque le nombre en sera trop considérable, l'*Aumônerie* de St-Vannes servira de succursale. L'aumône publique sera donnée à Ste-Catherine, qui, en échange, cèdera ses revenus à la *Maison-Dieu*

(1) Ce curieux document se trouve aux archives de l'hospice Ste-Catherine.

de St-Nicolas de Gravière. Le dit hôpital de St-Nicolas de Gravière sera destiné « à tous pauvres » hommes et femmes malades et impotents de » ceste Cité et de la terre de l'Eglise. »

Je remarque, Messieurs, dans ces dispositions, que Nicolas Psaulme veut à St-Jacques une école non-seulement pour les orphelins, mais pour tous les enfants de la ville, et qu'il ouvre les hôpitaux aux pauvres malades des domaines de son évêché, aussi bien qu'à ceux de sa Cité.

Par le même règlement, il est fait défense aux gens valides de mendier dans les rues, et, si ces mendiants sont étrangers à la ville, « qu'ils aient » à la vuyder tout aussitôt. Pourquoi sera député » un sergent qui aura le regard sur les contreve-» nants, pour les mettre en prison et les punir en » exemple à tous les aultres. » Ainsi, vous le voyez, Messieurs, il y a 300 ans, notre Evêque prenait, pour interdire la mendicité dans sa ville épiscopale, des arrêtés pareils à ceux que nos administrations actuelles prennent à la même fin.

Il faisait en outre établir des troncs et quêter dans toutes les églises pour les hôpitaux : nous l'imitons aujourd'hui. Mieux que cela : les Recteurs de l'Aumône chargeront de ces quêtes « des bour-» geoises de la ville, pour demander l'aulmosne » par les paroisses chaque jour de dimanche : » Voilà, Messieurs, nos Dames de charité et nos gracieuses Quêteuses pour les pauvres.

Des troncs seront aussi placés « dans les boticles » et hostelleries, » pour recevoir les dons volontaires des personnes généreuses.

Quant à l'*Aumône publique*, elle consistera

dans une cotisation, pour une certaine quantité d'argent et de grains, faite, chacun de leur côté, par le Seigneur-Evêque d'abord, par les Chapitres de la Cathédrale, de la Madeleine et de Ste-Croix, par les Abbayes de St-Vannes, St-Paul, St-Maur, St-Airy, St-Nicolas-des-Prés, par le Prieur de St-Louis, l'Aumônier de St-Vannes, par tous les Curés de la ville, et par Messieurs des Trois-Etats, église, noblesse et bourgeoisie.

Le produit de ces diverses cotisations sera administré par les Recteurs de l'Aumône. Chaque samedi une distribution de pain sera faite par les dits Recteurs en l'Hôtel-Dieu St-Nicolas aux pauvres de la Cité. Seulement les pauvres qui se présenteront pour recevoir ainsi « l'aulmosne publique » seront enrollés et porteront l'enseigne et marque » qu'il sera advisé, afin d'exclure cette multitude » de pauvres qui sont journellement par devant » les huys, dont la plus part sont valides, qui » mangent et sucent ce qui appartient aux vrais » pauvres. Et, pour pourveoir à iceulx valides » mendiants, serait bon d'adviser quelques œuvres » publiques, ou que les Recteurs de l'aulmosne » les envoyassent à ceux qui pourraient avoir » affaire de gens pour besogner. »

Ecarter une catégorie de pauvres qui font de la mendicité un métier, refuser l'aumône à qui peut gagner sa vie par son travail, procurer ce travail aux classes nécessiteuses, en invitant les particuliers à leur fournir de l'ouvrage et en créant des travaux publics, voilà, Messieurs, aux yeux de Nicolas Psaulme, la charité bien entendue ! Voilà, pour le riche, la meilleure manière de faire l'aumône; voilà, pour le pauvre, la manière la plus honorable de la recevoir!

Ne seront donc admis à recevoir l'aumône publique, que les « pauvres gens et mesnaiges de » ceste cité, chargés d'enfans et maladifs. » Cependant les « pauvres passants estrangiers » auront aussi un secours « selon la discrétion des Recteurs.»

On désignera un médecin et un chirurgien des pauvres, qui « prendront gaiges, » un boulanger et un meunier.

« Et, pour montrer publiquement au peuple de » Verdun la pauvreté et les grandes charges ordi- » naires de l'aulmosne, et pour luy donner » meilleur cœur et plus ardent désir, bonne » volonté et charité envers les pauvres, serait » bon d'ordonner une procession généralle, par » chacun an, de tous les pauvres, tant orphelins » qu'aultres, recepvans les bienfaicts de l'aul- » mosne publicque tout au long de l'année, où » se fera sermon pour inviter et persuader le » peuple; proposant les grands biens qui en » procèdent, tellement qu'il n'y a rien en ce » monde qui tant puisse mouvoir Dieu, nostre » créateur, à avoir pitié de nous, que celle que » nous avons l'un de l'aultre, ni qui tant con- » serve en union et fraternité le peuple, et le » préserve de tomber en ruyne et entre les mains » de ses ennemis, que la vraye charité, qu'est » l'amour de Dieu et de son prochain. » Belles paroles, Messieurs, où se révèlent le cœur généreux de notre Evêque, sa piété envers Dieu et sa charité envers les pauvres!

« Voilà ce qu'il semble au dict sieur Evesque,

» touchant le règlement des dits hospitaulx et » aulmosne. »

Ce règlement fut adopté par les trois Etats de la ville et mis à exécution quelque temps après.

A lire tout cela, Messieurs, ne dirait-on pas un règlement fait d'hier? Nicolas Psaulme ne néglige rien, n'oublie rien. Sous la féconde inspiration chrétienne, son intelligence, son esprit d'ordre et d'administration avaient devancé son siècle!

Plus j'étudie la vie de notre illustre Evêque, Messieurs, plus je suis frappé de sa prodigieuse activité. En même temps qu'il pourvoit aux besoins matériels des pauvres, il s'occupe de l'éducation de la jeunesse.

Les écoles élevées par le clergé dans les premiers siècles du moyen-âge, à l'ombre de nos Cathédrales, n'existaient plus; les couvents ne donnaient l'instruction qu'à un petit nombre de jeunes gens, destinés pour la plus part à l'état ecclésiastique; les grandes villes seules avaient des Universités, et Verdun en était privé.

Nicolas Psaulme essaie de fonder une Université à Verdun.

Nicolas Psaulme, pour subvenir à cette indigence intellectuelle, si je puis employer cette expression, résolut d'établir dans sa ville épiscopale une Université qui devait lui servir en même temps de séminaire. A cet effet il fit venir à grands frais de Paris de doctes professeurs de théologie, de jurisprudence, de philosophie, de belles-lettres, voire même de médecine, et les établit dans l'aumônerie de St-Jacques dont nous avons déjà parlé (1), fournis-

(1) Les bâtiments de l'aumônerie de St-Jacques, dans la rue de Rue, après avoir servi d'Université jusqu'en 1570, furent vendus

sant de ses biens et revenus à leur entretien. Il donna à cet établissement le nom un peu barbare d'*Orphanotrophe*, parcequ'il y fonda vingt-quatre bourses destinées à entretenir et à nourrir vingt-quatre orphelins de familles pauvres se destinant à l'état ecclésiastique.

Reconstruction de l'abbaye de St-Paul.

L'abbaye de St-Paul détruite, on s'en souvient, pendant le siége de Metz, réclamait aussi son attention. Nicolas Psaulme, en acceptant le siége épiscopal de Verdun, avait cédé au Cardinal de Lorraine son titre d'abbé de St-Paul et les revenus qui y étaient attachés, se réservant *le droit de regrès*, mais il en était resté l'administrateur. C'est pourquoi il prit soin de faire reconstruire dans l'intérieur de la ville un nouveau couvent à ses religieux, et en poussa les travaux avec une telle vigueur qu'en trois années ils furent achevés. Vous connaissez, Messieurs, les vastes bâtiments de la seconde abbaye de St-Paul, aujourd'hui employés à d'autres usages (1) ? Nous sommes à cette heure dans une des salles du couvent, et j'ai l'honneur de vous y parler de Nicolas Psaulme.

Sans doute que le pieux Prélat eût été heureux de consacrer ainsi tout son temps et tout son zèle à des œuvres comme celles dont nous venons de

aux Religieux de Châtillon-l'Abbaye en 1590. Rachetés en 1682, on y plaça le Séminaire qui y demeura jusqu'à la Révolution. Ils sont aujourd'hui transformés en prison.

(1) Cette seconde Abbaye de St-Paul est devenue hôtel de la Sous-Préfecture et Palais de Justice. Une inscription placée au-dessus de la porte d'entrée du Palais, en face de la place, rappelle la première destination de ces bâtiments : *Sanctis Paulo Apostolo* et *Paulo Virdunensium Antistiti*. 1686.

le voir occupé dans sa ville épiscopale. Mais les temps d'alors lui devaient créer bien d'autres soins, comme évêque et comme prince temporel.

Progrès du Protestantisme dans le Diocèse.

Comme Evêque, son cœur souffrait de voir le Protestantisme gagner chaque jour du terrain dans son diocèse. La ville de Verdun n'avait pas encore entendu la voix d'un seul *ministre de la Réforme*, mais il en était autrement dans les campagnes où le passage continuel des armées, le voisinage de l'Allemagne, la présence de quelques apôtres ignorés, avaient introduit les nouvelles doctrines dans beaucoup de chaumières et de châteaux.

Afin d'en arrêter le progrès, Nicolas Psaulme visita lui-même une grande partie des paroisses de son diocèse, exhortant les fidèles à demeurer fermes dans les croyances de leurs pères. Il envoya en même temps de tous les côtés des prédicateurs zélés et savants, pour combattre les erreurs, ramener à la foi catholique les dissidents, et raffermir les ébranlés. Usant d'une rigueur fort légitime dans les idées d'alors, il bannit de son diocèse, ou condamna à de grosses amendes ceux qui cherchaient à pervertir le peuple et à faire du prosélytisme protestant.

Nicolas Psaulme cède quelques terres au duc de Lorraine.

Comme Prince temporel, il lui fallait chaque jour défendre ses domaines contre les empiètements des seigneurs voisins, qui trouvaient dans les discordes religieuses une occasion de s'agrandir. C'est pourquoi il chercha à se concilier le duc de Lorraine en lui cédant, de l'avis du Cardinal, ses droits de rachat sur la châtellenie d'Hattonchâtel et en renonçant, à son profit, à toutes les prétentions que les Evêques de Verdun pouvaient avoir sur Clermont, Vienne-le-Château, Varennes, Trognon (*Heudicourt*) et sur la prévôté des Montignons (Béthelainville, Montzéville, Forges). En échange de quoi le duc lui donnait quelques droits sur divers villages : Souhesme, Billy, Rembercourt-aux-Pots, et lui assurait son secours contre les ennemis de la religion et de l'Etat (1561). Cet acte fut dans la suite cassé par le roi de France Charles IX, en sa qualité de *Vicaire du St-Empire et de Protecteur des Trois-Evêchés*.

Il nomme le duc de Guise Comte de Verdun.

La bienveillance du duc de Lorraine, assez chèrement achetée pourtant, ne parut pas encore suffisante à Nicolas Psaulme. Il crut prudent de rétablir une dignité oubliée depuis 400 ans, et de nommer un *Comte et Marquis de l'Evesché et Comté de Verdun* (1561). « Considérant, dit-il, que l'évesché » de Verdun est enclos et confiné entre plusieurs » Etats et particuliers Seigneurs prétendants droit » de souveraineté, et que, pour estre ledit Evesché » limitrophe desdits confins, nos vassaulx et sub- » jects d'icelui sont grandement travaillez et » molestez par le moyen de plusieurs entreprises » et nouvelletés à leur grand préjudice, et dom- » mage dudit Evesché, et au grand regret et » déplaisir de Nous, leur souverain Seigneur et » Prince régalien, soubs le Sainct-Empire. Consi- » dérant aussi que, pour l'occupation et sollicitude » qu'il nous convient prendre et avoir pour la » manutention des droits et fiefs et protection des » dits vassaulx et subjects, il nous est impossible » vacquer au fait de la Religion pour instruire et » enseigner les dits subjects et les contenir en

» saine doctrine, et principalement en ces temps
» turbulents et pleins d'émotions pour le fait
» mesme de la Religion ; laquelle plusieurs mal
» affectez à l'Eglise Romaine et mal sentants de
» nostre foy ancienne et catholique, s'efforcent
» invertir, ruiner et du tout abolir. Les forces et
» entreprises desquels il nous serait malaisé et du
» tout impossible de supporter et deffendre, si ce
» n'estait par le moyen, ayde et support de quelque
» grand, illustre et généreux personnage, qui de
» bon zèle et affectioné désir voulut prendre la
» charge et protection de Nous, nostre dit Evesché,
» subjets et vassaulx d'icelui... Avons, par meure
» délibération du Conseil, nommé et establi, nom-
» mons et establissons par ces présentes illustre
» et Puissant Prince, Monseigneur François de
» Lorraine Duc de Guyse, ses hoirs masles nez ou
» à naistre et procréez de luy en loyal mariage, en
» tiltre de Comte et Marchis dudit Evesché et
» Comté de Verdun. »

Cette charge obligeait celui qui en était revêtu, de maintenir, garder et défendre l'évêque, ses biens, les domaines de l'évêché, ses vassaux, et spécialement la Religion. « Et afin que le dit
» Seigneur Comte et Marchis puisse résider et
» demeurer quand bon lui semblera sur les terres
» dudit Comté,... cédons et transportons audit
» sieur Duc de Guyse et à sesdits hoirs.... le
» Chastel, Chastellenie et Prévosté, Terres et
» Seigneuries de Dieulevard (*Dieulouard-sur-*
» *Moselle*), membre et fief dudit Evesché, avec ses
» appartenances et dépendances, le tout estant
» de présent et annuel profict et revenu de quatre

» cents ducats d'or.... (1) »—C'était une bonne épée que Nicolas Psaulme se donnait en la personne du Vainqueur de Calais, du défenseur de Metz. Mais on ne voit pas que le duc de Guise ait usé de sa nouvelle dignité. Il avait alors autre chose à faire que de protéger quelques villages de l'évêché de Verdun.

Relations entre notre Evêque et Jean de la Marck.

Notre Evêque, cependant, n'était pas en guerre avec tous les Seigneurs ses voisins. Je place ici un mot des bonnes relations qui existèrent entre lui et Jean de la Marck, seigneur de Jametz, fils du fameux *Sanglier des Ardennes*.

Jean de la Marck lui écrivait aux premiers jours d'avril 1559. «.... Puisque nous sommes en ce » bon temps, j'espère que vous ferez résidence » à Mangiennes, comme vous m'avez dict, et que » nous nous verrons souvent. » Nicolas Psaulme allait en effet, de loin en loin, prendre quelques jours de repos au château de Mangiennes, peu distant de Jametz, où Jean de la Marck tenait sa petite cour. Dans une autre lettre, toute pleine aussi de bons et affectueux sentiments, le sire de Jametz donnait à son illustre ami des nouvelles du soulèvement des Ecossais contre leur reine Marie, sœur des Guises et mère de Marie Stuart, lui parlait de ce qui se passait à Rome et lui redemandait la profession de foi de Anne Dubourg, dont le procès et le supplice eurent à cette époque un si grand retentissement en Europe (2); il ter-

(1) Lettres de Nicolas Psaulme portant nomination du duc de Guise au titre de Comte de Verdun.

(2) Anne Dubourg, conseiller au Parlement de Paris, exécuté le 23 décembre 1559 en place de Grève, pour cause d'hérésie.

minait par ces cordiales paroles : « Je me recom-» mande à vostre bonne grâce, priant Dieu qu'il » vous donne la sienne. L'entièrement vostre bon » amy, Jean de la Marck. — De Jametz 16 dé-» cembre 1559 — (1).

L'année 1559, que je viens d'évoquer, Messieurs, est, à mon avis, une date fatale pour la France. Là, commencent les guerres de Religion pour durer quarante ans.

Nous en sommes, de la vie de Nicolas Psaulme, à l'année 1561. Mais je dois me reporter en arrière afin de faire connaître les évènements qui se passèrent en France dans cet intervalle et dont notre pays reçut le contre-coup.

Évènements de France.

Henry II, à la fleur de l'âge, était tombé dans un tournoi sous la lance de Montgommery (10 juillet 1559) ; il laissait trois fils, qui lui succédèrent tour-à-tour. Des deux premiers, l'un fut François II, qui mourut à l'âge de dix-sept ans, après dix-sept mois de règne (15 décembre 1560), l'autre fut Charles IX ! Charles IX n'avait que onze ans quand il recueillit des mains de son frère le terrible héritage de la couronne.

Sous ces deux rois enfants, la carrière fut ouverte à tous les grands ambitieux ; la France se divisa à leur profit et la royauté redevint une ombre. Les Chefs véritables de l'Etat furent, aux yeux des catholiques, les Guises et un peu Montmorency ; aux yeux des protestants, Condé et les Coligny.

(1) M. Husson. *Manuscrit* sur N. Psaulme.

La reine-mère, Catherine de Médicis, femme sans cœur, ni convictions, n'aimant que le pouvoir, trompait tous les partis et les mécontentait tous. Du choc de toutes ces ambitions, plus encore que des passions religieuses, naquit, comme la foudre naît du choc des nuages, l'horrible et longue guerre civile qui fit descendre pour un temps la France au dernier rang des nations.

Pauvre France! de toutes parts alors elle était trahie par ses enfants. La cour ou plutôt les Guises la mettaient aux pieds du sombre fils de Charles-Quint, Philippe II, en lui demandant assistance et en appelant jusque dans Paris les bandes espagnoles de Flandre. Les Huguenots, constitués en parti politique sous la vive impulsion de Condé, la vendaient aux Anglais en leur livrant le Hâvre, et lui amenaient leurs soudoyers allemands, qui ruinaient son sol comme les sauterelles d'Afrique dévorent les moissons.

D'Andelot, frère de Coligny, alla donc de l'autre côté du Rhin faire une levée de reîtres et de lansquenets (1). Vers le mois de septembre 1562, il les ramenait en France au secours des deux chefs huguenots enfermés dans Orléans.

Les Huguenots songent à s'emparer de Verdun.

A la nouvelle de son approche, les seigneurs de ce parti qui habitaient les marches des Ardennes, de la Champagne et de la Lorraine, se concertèrent dans l'intention d'aider au retour de d'Andelot et de favoriser *la cause* en s'emparant par un coup de main de Verdun. Verdun leur convenait, en effet, on ne saurait mieux, comme place de sûreté

(1) Les Reîtres étaient des cavaliers; les Lansquenets des fantassins.

et comme point de ralliement où l'on pourrait recevoir et organiser les secours d'Outre-Rhin.

C'est pourquoi ce coup de main fut fixé pour la nuit du 2 au 3 septembre.

Les conjurés espéraient réussir. M. de Losse, commandant militaire de la ville, était absent : son lieutenant, M. de Manègre, était gagné; beaucoup de soldats de la garnison appartenaient à la *nouvelle religion*, et l'on devait choisir parmi ceux-là les corps de garde et les sentinelles qui seraient placés dans les alentours du point désigné pour l'attaque. De cette façon, il ne devait y avoir, ni bruit qui pût attirer l'attention des habitants, ni résistance qui pût leur donner le temps de courir aux armes : on espérait les surprendre dans leur sommeil. Toutes ces mesures avaient été prises dans le plus grand secret, toutes ces intrigues avaient été nouées avec mystère : nuls dans la ville ne savaient rien, si ce n'est les complices.

Nicolas Psaulme découvre le complot.

Le vigilant Evêque seul, sur de vagues indices, avait conçu quelque soupçon du complot qui se tramait contre sa ville et son peuple. Plus tard, une lettre adressée par un conjuré à un officier de la garnison, lettre qui fut interceptée, lui indiqua le jour et le lieu de l'attaque.

Lui-même, alors, usant du plus grand secret, fit prévenir, non pas la garnison, il ne comptait pas assez sur elle, mais les hommes de la ville, nobles, bourgeois et gens des métiers. Les armes qui leur avaient été enlevées, lors du passage de Henry II, leur furent rendues ; ils savaient encore s'en servir.

C'est pourquoi ils se tinrent prêts à être debout au premier signal et à bien recevoir les Huguenots.

Le soir du 2 septembre venu, les portes de la ville furent fermées, afin d'empêcher toute communication avec le dehors ; les soldats des postes et les factionnaires posés par le commandant français furent changés, par ordre de l'Evêque, et remplacés par des bourgeois : M. de Manègre n'osa pas s'y opposer, tout le peuple était en armes. On savait que l'escalade devait être tentée du côté de la France : la plus forte troupe se porta sur ce point et l'on attendit.

La ville en prières.

Or, pendant que les hommes couraient aux remparts, les femmes, les enfants et les vieillards se pressaient dans les églises, invoquant avec larmes et ardentes prières le secours du ciel et la protection de la vierge Marie, patronne de la ville, pour ceux qui allaient se battre.

Comprenez-vous, Mesdames, les angoisses de ces mères de famille, de ces jeunes filles, à ce terrible moment qui allait décider du sort de beaucoup ? Elles priaient, elles pleuraient ! Et pourtant, je ne doute pas qu'il ne se fût au besoin trouvé parmi elles une Jeanne-Hachette, défendant son honneur et son foyer avec l'héroïsme d'un patriotique désespoir.

De leur côté, au jour dit, et vers le coucher du soleil, les conjurés, sortant des châteaux et villages voisins où ils avaient trouvé asile chez des partisans de la nouvelle religion, se dirigeaient discrètement, et par petites bandes, vers les hauteurs boisées de la côte St-Barthélemy, lieu du rendezvous général. Vers le milieu de la nuit, ils y furent en un gros bataillon de près de deux mille hommes sous les ordres de M. de Béthune.

Attaque de la nuit du 2 au 3 septembre.

La tête de colonne est munie d'échelles pour escalader les murailles, de haches et de leviers pour enfoncer les portes et les ouvrir de l'intérieur au reste de la troupe. Vers minuit on se met en marche. Une obscurité profonde, un silence absolu, favorisent l'entreprise; tout paraît dormir, et les hommes dans la cité, et la nature dans les champs. Arrivés au pied des remparts, non loin de l'abbaye de St-Vannes (1), les soldats appliquent leurs échelles, y montent et s'y pressent sans désordre, sans tumulte, pied à l'épaule. On dirait vingt serpents qui, s'élançant de terre, déroulent leurs noirs anneaux et les dressent vers le sommet des remparts.

Les Huguenots repoussés.

Le sommet est atteint; les premiers assaillants vont prendre pied et s'élancer dans la place, quand tout-à-coup cent bras se levant ensemble repoussent avec effort les échelles, les renversent et précipitent tous ceux qui se trouvaient dessus, pêle-mêle dans le fossé, où ils tombent, brisés par la chûte, et où une arquebusade meurtrière va les atteindre. Au même moment, le reste des bourgeois avec quelques hommes de la garnison, effectuent une sortie par la porte *en France*, voisine du théâtre de l'action (2), se jettent dans

(1) La citadelle n'existait pas alors : l'abbaye de St-Vannes était entourée d'habitations. Une vieille tour isolée au milieu de la citadelle, et appelée tour d'Angoulême, est un dernier vestige des anciennes fortifications. Cette tour sert aujourd'hui de prison militaire.

(2) Cette porte, qu'on appelait aussi *Porte du Mesnil* ou *Porte Nostre-Dame*, était située près de l'abbaye de St-Vannes. La Porte

le flanc des Huguenots surpris de cette brusque attaque et taillent en pièces ceux qui ne sont point assez alertes ou assez lâches pour chercher leur salut dans la fuite.

Le combat fut court; les Verdunois se comportèrent vaillamment, et, avant le lever du soleil, ils rentraient chez eux, rapportant les morts et les blessés des deux partis, avec les échelles et autres engins de guerre préparés pour l'attaque et abandonnés par les fuyards. Il y eut gros butin pour les vainqueurs et grande liesse dans la Cité.

Cent quatre-vingt-quinze ans après, on voyait encore à St-Vannes les échelles des Huguenots, dont le Procureur du monastère avait fait des rateliers (1).

Fête *du 5 septembre* en actions de grâces de la délivrance de la Cité.

Au matin de ce jour heureux, Nicolas Psaulme, qui avait veillé de sa personne à la direction de la défense, convoqua son peuple et son clergé dans l'église Cathédrale et rendit à Dieu de solennelles actions de grâces pour le succès de la nuit, succès que la reconnaissance de vos pères attribua à une toute spéciale protection de la Ste-Vierge sur la ville où, de tout temps, elle avait été grandement honorée.

L'année suivante, une procession, avec sermon, fut instituée pour remercier Dieu d'avoir délivré la ville « du grand dangier des adversaires qui l'eschel-

de France actuelle n'existait pas; elle date de l'époque de l'achèvement de la citadelle.

(1) Dom Cajot. *Almanach historique de la ville de Verdun.*

» lèrent nuitamment devant le 3me septembre 1562 » dit l'ordonnance capitulaire rendue à cet effet.

La dite procession, partant de la Cathédrale, se fit d'abord vers l'église de St-Vannes, sans doute afin de rendre grâces à Dieu sur le terrain même où avait été remportée la victoire. Quarante ans après, les travaux pour la construction de la citadelle rendirent presqu'impossibles les abords de St-Vannes. La procession se dirigea alors vers l'église des Dominicains, dont le convent était voisin de celui de St-Paul (1). Un sermon qui fit grand bruit à Verdun y fut prêché en 1767 par un abbé Tronville (2). Vers la fin du siècle dernier, l'itinéraire de la procession fut encore changé ; on alla alors aux Récolets (3). La grande révolution supprima cette fête religieuse qui ne fut rétablie qu'à la restauration du culte, cette fois dans l'église St-Victor où elle se célèbre encore aujourd'hui, avec procession solennelle du clergé de la ville et sermon. La procession avait été interrompue de 1830 à 1848.

Jusqu'à la Révolution française, Messieurs, cette fête commémorative de la délivrance de Verdun

(1) Il ne reste presque rien de l'ancien couvent des Dominicains ou Frères-Prêcheurs. Il était situé sur l'emplacement occupé aujourd'hui par le temple Israélite.

(2) Cet abbé Tronville avait violemment attaqué dans son discours les prêtres séculiers qui remplaçaient depuis 5 ans les Jésuites comme professeurs au Collége. Il fut obligé, par ordre de l'Evêque et du Procureur général du Roi à Metz, de faire ses excuses devant le Bureau d'administration du Collége et de retracter ce qu'il avait dit.

(3) Le couvent des Cordeliers, puis Récolets, était situé dans l'angle formé par le ruisseau qui vient du Pont à Brachieux et par le canal qui descend du moulin St-Airy. L'emplacement en est occupé à présent par une belle habitation particulière entourée de jardins et de vastes remises.

était à la fois une fête civile et religieuse, à laquelle tout le *monde officiel* de la Cité prenait part. Depuis lors, ce n'est plus qu'une fête religieuse, n'ayant d'autres pompes que celles de l'Eglise. Cependant elle a pris il y a quelques années un caractère populaire très-marqué, grâce au zèle actif et intelligent d'un ancien curé de St-Victor, enfant de la Cité, que vous connaissez tous (1).

Seulement l'idée primitive de la fête du 3 septembre, je dirai presque sa physionomie, a été sensiblement modifiée. C'était tout d'abord un acte public et solennel d'actions de grâces à Dieu, la dévotion des fidèles en a fait aujourd'hui une fête presqu'exclusivement consacrée à la sainte Vierge.

Traditions populaires sur l'Evènement du 3 septembre.

Voilà, Messieurs, ce que dit l'histoire à propos du 3 *septembre* 1562. Voici ce que racontent les traditions locales.

Quatre-vingt-dix ans après l'évènement, c'est-à-dire en 1647, un moine de St-Paul écrivait dans sa *Chronique* qu'au moment où les Calvinistes grimpaient à leurs échelles, se fiant de trouver tout le monde endormi dans la ville, « l'évesque Psaulme » s'esveilla en sursaut, croyant qu'il fut plus tard » qu'il n'était, et fit sonner les matines de la » cathédrale une heure plus tôt que de coustume ; » de sorte que les soldats entendant la cloche à

(1) M. l'abbé de Lahaut, curé de St-Victor de 1848 à 1865. C'est à son initiative et à sa générosité que l'église St-Victor doit le beau vitrail qui éclaire la chapelle de la Vierge, et qui représente la scène racontée par la tradition, où l'Evêque et les Magistrats, aux pieds de la statue de Marie, lui offrent les clefs de la Cité. Ce vitrail sort des célèbres ateliers de MM. Maréchal, de Metz.

» heure indeüe crurent que l'on sonnait l'allarme » sur eux, et, estant saisis d'une terreur panique, » se sauvèrent en grande haste, laissans les » eschelles dressées (1). »

L'autre tradition est plus connue, plus généralement acceptée et plus chère surtout aux Verdunois.

Pendant la nuit choisie par les Huguenots pour escalader les murs de la ville, les magistrats, dans la consternation et l'effroi, s'en allèrent se prosterner aux pieds de la statue de la sainte Vierge, la même qui est aujourd'hui dans l'église St-Victor, et qui se trouvait alors au-dessus de la porte de ce nom (2). Là, voulant montrer à la Patronne de la Cité l'absolue confiance qu'ils avaient en sa puissante protection, ils lui présentèrent les clefs de la ville et les lui mirent au cou, comme si nul ne les pouvait mieux garder que la Mère de Dieu. La statue alors inclina la tête pour les recevoir et montrer, par ce signe extraordinaire, qu'Elle exauçait leur prière et prenait la défense de la Cité (3).

Cette statue de la vierge Marie, toutes, Mesdames, vous l'avez vue. Il s'en faut qu'elle soit un chef-d'œuvre de sculpture, mais elle est vénérable,

(1) *Chronique de Saint-Paul* par le P. Payen.

(2) La porte St-Victor à cette époque devait se trouver entre la *Tour-des-Champs* et le moulin St-Airy, près de l'*Ile*. Du dehors des remparts, on voit parfaitement, dans une espèce de bastion à forme ronde, l'ogive d'une porte aujourd'hui murée et au-dessus de l'ogive une niche sans statue. L'intérieur de ce bastion, qui sert aujourd'hui de magasin à outils pour le génie, présente tous les signes d'une porte. La Tour-des-Champs, comme la tour du moulin du Puty, est un reste des vieilles fortifications de la ville de ce côté.

(3) Sermon du Père Urbain Quillot, prêché en l'église des Dominicains le 3 septembre 1671.

non-seulement parcequ'elle est l'image de la Mère de Dieu, mais encore parcequ'elle rappelle de lointains et pieux souvenirs, parceque depuis plus de quatre siècles, peut-être, il n'est pas un enfant de Verdun qui ne soit allé, au moins une fois, s'agenouiller et prier à ses pieds !

Messieurs, il n'entre ni dans ma pensée ni dans mon sujet de juger la valeur historique des traditions populaires dont je viens de vous faire le récit. Après tout, nous n'avons pas besoin de revêtir l'*Evènement du* 3 *septembre* 1562 de circonstances merveilleuses, mais incertaines. La nue vérité, seule, suffit pour fixer notre attention et porter vers le ciel notre sincère reconnaissance (1).

Danger immense auquel a échappé Verdun, le 3 septembre 1562.

Verdun, dans la nuit mémorable du 2 au 3 septembre, a échappé à un immense danger. Vous savez, Messieurs, ce qu'étaient alors les guerres de Religion ? Luttes atroces, combats fratricides « où toutes les passions perverses, » tous les instincts brutaux et sauvages, la bar- » barie, la rapacité, la luxure, s'associaient au » fanatisme pour l'effroi et la honte de l'huma- » nité (2). »

Verdun eut été traité par les Huguenots vainqueurs comme l'étaient au même moment Lyon, Rouen, Caen, Poitiers, Orléans, où des forcenés

(1) Ceux qui voudront se faire un jugement sur le miracle attribué par la tradition à la statue de la Ste-Vierge, peuvent lire la Note intéressante que les *Continuateurs Ecclésiastiques* de l'histoire de Verdun par Roussel ont écrite à ce sujet. — *Roussel. Histoire de Verdun, Tome II, pages* 17 *et* 18 de la nouvelle édition publiée en 1864 avec l'approbation de Monseigneur l'Evêque de Verdun.

(2) Henri Martin. *Histoire de France, Tome IX, P.* 133.

ne respectaient ni les souvenirs les plus augustes, les plus sacrés de la religion, ni les gloires de la patrie, où l'on jetait dans les flots du Rhône et de la Loire les reliques de St-Irénée et de St-Martin, où des mains françaises abattaient sur le pont d'Orléans la statue de Jeanne d'Arc!

Nous aurions eu des ruines et du sang : la victoire du 3 septembre a épargné ces fléaux à notre ville.

Honneur donc, Messieurs, à Nicolas Psaulme, au vigilant Evêque qui a découvert et fait échouer le complot, qui a éteint au pied de vos remparts la torche de la guerre civile, et conservé notre ville et son diocèse à l'antique foi religieuse de nos pères!

Honneur à ces vaillants bourgeois, à ces braves gens des métiers, qui coururent aux armes à l'appel de leur Evêque et sauvèrent leur ville de la dévastation, leurs femmes et leurs filles du déshonneur, et leur conscience peut-être de l'apostasie!

Grâces et gloire enfin soient rendues à Dieu et après lui à la Ste-Vierge Marie, à Dieu auteur de tous bienfaits et de toute miséricorde, qui a béni le courage et donné la victoire au bon droit!

Et s'il m'était permis d'exprimer un vœu devant vous, Messieurs, j'ajouterais : Puisse cette fête commémorative de la délivrance de Verdun devenir chaque année plus populaire encore! Puisse toute la ville y prendre part, toutes les classes de la société s'y unir dans un commun élan pour en rehausser l'éclat! Puissent en ce jour, riches et pauvres, grands et petits, magistrats et administrés, les fils enfin de tous ceux qui étaient aux remparts du temps de Nicolas Psaulme, puissent-ils tous rendre au ciel de solennelles actions de grâces, en souvenir du péril auquel nos pères ont échappé dans la nuit du 2 au 3 septembre 1562.

TROISIÈME CONFÉRENCE.

NICOLAS PSAULME AU CONCILE DE TRENTE.
DIFFICULTÉS INTÉRIEURES.
DE 1562 A 1570.

Après avoir vu Nicolas Psaulme sauvant sa ville attaquée, suivons-le, MESDAMES ET MESSIEURS, sur un autre champ de bataille, celui d'une grande Assemblée délibérante; après le tumulte des armes, écoutons le bruit de la parole.

Un mois à peine après l'évènement du 3 septembre, le Cardinal de Lorraine mandait à notre Evèque de l'accompagner au Concile de Trente.

Le spectacle de ce qui se passait en France, où les partis ennemis, tour-à-tour vainqueurs ou vaincus, se déchiraient comme le doivent faire les tigres dans les jungles de l'Inde, les idées d'indépendance religieuse qui travaillaient toutes les têtes, et auxquelles venaient s'associer les désirs d'affranchissement vis-à-vis du pouvoir civil, enfin les tentatives, cent fois réitérées, de propagande Calviniste, avaient trop vivement ému les populations de nos contrées, pour que Nicolas Psaulme s'absentât de son Diocèse sans de vives appréhensions. Aussi, avant de le quitter il voulut prendre toutes les mesures possibles de prévoyance, en ces tristes conjonctures.

Il plaça d'abord à la tête du clergé, pour l'administration spirituelle de son Diocèse, des prêtres connus pour la pureté de leur foi, la régularité de leur vie, leurs talents supérieurs et leur sagesse de conduite. Il confia le soin de ses affaires temporelles à des officiers intègres et loyaux, qu'il choisit lui-même. Puis il partit vers la mi-octobre et alla rejoindre le Cardinal de Lorraine à l'abbaye de Clairvaux.

Jusqu'alors on avait compté fort peu d'évêques français au Concile de Trente : le Cardinal de Lorraine y parut enfin le 13 novembre 1562, suivi de vingt prélats, au nombre desquels se trouvait Nicolas Psaulme.

Nicolas Psaulme au Concile de Trente.

Notre Evêque se fit une place assez belle au milieu des membres de la célèbre Assemblée, pour que nous aimions à l'y considérer.

Parmi les grandes questions touchant la foi et la discipline de l'Eglise sur lesquelles les Pères du Concile eurent à délibérer, Nicolas Psaulme me semble en avoir choisi deux, pour en faire l'objet d'un examen sérieux, d'une étude approfondie : 1° l'Institution divine des Evêques; 2° l'obligation pour eux de résider dans leurs Diocèses.

Ne remarquez-vous pas, Messieurs, que ces deux idées, rappelées à ses vénérables Collègues dans l'épiscopat, discutées et soutenues devant eux, peignent bien notre Evêque? Il tient son pouvoir de Jésus-Christ; et voilà pourquoi il aura, jusqu'à son dernier jour, la conscience de ses droits, en même temps que de ses devoirs, le sentiment de son autorité épiscopale et la ferme volonté de la garder tout entière, semblable en cela à celui de ses successeurs qui vient de terminer au milieu de nous sa longue, sainte et utile carrière (1). Il veut que les Evêques gardent la résidence; aussi ne l'a-t-on jamais vu auprès des rois, où cependant il avait tout pour réussir, abdiquer son indépendance en échange de quelques faveurs et compromettre sa dignité dans le rôle de courtisan.

De l'institution divine des Evêques.

L'épiscopat sans nul doute, la haute dignité de premier pasteur dans l'Eglise est d'institution divine, aucun des Pères du Concile ne le contestait, et tous l'ont affirmé dans un solennel décret contre les Protestants. Mais chaque Evêque reçoit-il sa juridiction spirituelle immédiatement de Jésus-Christ, où bien la reçoit-il seulement de la suprême autorité du Pape? Voilà la question qui était controversée au Concile, et qui reste encore aujourd'hui indéfinie parmi les théologiens.

Les Italiens soutenaient et voulaient faire décider par le Concile que le Pape, non-seulement règle, élargit ou restreint la juridiction des Evêques, détermine le diocèse où elle doit s'exercer, mais encore la donne comme principe, comme source même de tout pouvoir spirituel. Beaucoup d'évêques Espagnols au contraire, Nicolas Psaulme et presque tous les évêques Français, ayant à leur

(1) Monseigneur Louis Rossat, nommé Evêque de Verdun en 1844; mort le 24 décembre 1866 à l'âge de 77 ans.

tête le Cardinal de Lorraine, penchaient pour l'opinion contraire.

C'est pourquoi le 5 décembre 1562, notre Evêque, qui tînt presque seul la parole au Concile, prononça un discours très-vif et très-goûté, où il développa les raisons qui le portaient à soutenir l'institution divine des Evêques dans le sens français. Chaque Evêque successeur des Apôtres reçoit sa puissance spirituelle de N. S. Jésus-Christ par qui il est placé pour régir l'Eglise de Dieu, sous la suprématie du Souverain Pontife successeur de St-Pierre, placé par Jésus-Christ au sommet de la hiérarchie, afin de conserver l'unité dans la foi et d'enlever les occasions de schismes qui pourraient surgir au sein de l'Eglise.

Discours de Nicolas Psaulme au Concile.

Cependant, il déclare ne point vouloir décider la question qui est peut-être insoluble, et il demande que le Concile, mettant de côté ces discussions oiseuses pour le moment, songe plutôt à justifier, à décider, et à affirmer les vérités attaquées ou niées par les hérétiques.

Pendant que Psaulme parlait et que toute l'Assemblée l'écoutait en silence, un évêque Italien, celui d'Orvieto, — il était déjà de mode à cette époque d'interrompre les orateurs — s'écria ironiquement : « *Iste Gallus nimium cantat !* » Jeu de mots, Mesdames, sur *Gallus* qui signifie « *ce Coq* ou *ce Gaulois chante trop.* » Pierre Danès, évêque de Lavaur, qui avait été précepteur de François Ier, faisant allusion à la nécessité de quelques réformes autour du Souverain Pontife et au chant du coq qui rappela l'apôtre Pierre à des sentiments de pénitence après qu'il eut renié son Divin Maître, le

Gallus cantat !

vénérable Pierre Danès, dis-je, regardant l'Italien avec un fin sourire, répondit à son apostrophe : « *O, Utinam ad Galli cantum Petrus recipisceret !* » Ce que je traduis, pour l'intelligence d'une partie de mon auditoire : « O, Plût à Dieu, qu'au chant de ce coq, Pierre se repentît ! » mot qui fut applaudi, surtout par les Français, non seulement comme on applaudit à une spirituelle et piquante repartie, mais encore, il faut l'avouer, comme à une vérité que tout le monde reconnaissait alors.

Nicolas Psaulme, par un sentiment de modestie qui fait son éloge, ne dit rien de cet incident, dans l'espèce de Journal du Concile qu'il rédigeait jour par jour, Journal conservé manuscrit à la bibliothèque de St-Vannes et imprimé seulement 150 ans après sa mort (1725). Mais Pallavicini, dans son histoire du Concile de Trente (livre XXI, Ch. VIII), le rapporte avec une si évidente mauvaise humeur que nous pouvons l'en croire; du reste Pallavicini était italien.

Second discours de Nicolas Psaulme.

Le 17 Décembre, douze jours après son fameux discours, notre Evêque en prononça un second, dans lequel il démontrait l'obligation où se trouvent les Evêques de résider dans leurs diocèses. Cette obligation leur incombe de droit divin, parce que Jésus-Christ les a institués pour paître eux-mêmes leurs ouailles, les connaître, les instruire, veiller sur elles et leur administrer les sacrements, devoirs qu'ils ne peuvent remplir s'ils ne vivent comme le pasteur au milieu de son troupeau. Puis, inspiré par le spectacle de ce qui se passait autour de lui, et par les douleurs dont son âme était pleine, il redit, avec des accents déchirés, les maux qui affligeaient alors l'Eglise, toutes les vérités religieuses attaquées, la morale du Christ oubliée, méprisée, les temples saints profanés, des pasteurs mercenaires, des royaumes entiers apostasiant l'antique foi chrétienne! Or à quoi attribuer ces malheurs? A une foule de causes sans doute; mais l'une de ces causes c'est la coupable habitude qu'ont prise beaucoup d'Evêques de vivre presque continuellement en dehors de leurs diocèses, dans leurs domaines particuliers, ou à la cour des princes, abandonnant ainsi le soin des âmes qui leur ont été confiées par Jésus-Christ et par l'Eglise.

Les talents de Nicolas Psaume, l'influence que sa parole éloquente lui avait acquise, en même temps que sa réputation de sagesse et de sainteté, le firent choisir par l'Assemblée pour secrétaire-rapporteur de la Commission qui rédigea les canons du Concile touchant l'institution divine des évêques et leur obligation de résider (15 janvier 1563.)

Il s'était depuis longtemps manifesté au sein du Concile des divisions amenées par la divergence dans la manière de voir sur différents sujets, divisions peu sérieuses, sans doute, mais qui faisaient surgir de nombreuses difficultés et trainer les débats en longueur. Ces retards, nuisibles à la religion, donnaient à ses ennemis un prétexte de reproches, d'attaques, quelquefois même de railleries. Notre Evêque, qui souffrait de cette manière de procéder, et dont l'esprit pratique voulait qu'on allât au but sans s'arrêter à de futiles incidents, employa aussi toute son

Son influence dans le Concile.

influence pour réunir les Pères du Concile dans une même volonté, un même désir de faire, au bien général de l'Eglise, le sacrifice de tous sentiments personnels, comme de tous préjugés nationaux.

Ses lettres dans son diocèse.

Cependant, du fond des Alpes où il se trouvait, Nicolas Psaulme, plein de sollicitude pour son diocèse, savait encore le diriger. Dans des lettres remarquables, il donnait à son clergé, à ses officiers laïcs, des conseils et des avis dictés autant par le zèle et la piété que par la prudence et la raison ; il les exhortait à vivre ensemble et avec tous dans la concorde, à veiller de concert au bien de la religion, à soulager le pauvre peuple, à n'épargner ni soins, ni dépenses, ni même leur vie, pour garder la paix et la vraie foi dans son diocèse. Il s'absenta aussi de Trente, pendant quelques jours, pour aller à Inspruck où se trouvait l'empereur Ferdinand, frère de Charles-Quint et son successeur au trône d'Allemagne depuis 1556.

Pourquoi Nicolas Psaulme va à Inspruck ?

Pour comprendre cette démarche de Nicolas Psaulme et certains impôts que nous verrons bientôt lever par l'Empire sur le Verdunois, il faut vous souvenir, Messieurs, que Verdun faisait toujours partie du St-Empire, sinon en fait du moins en droit, et que le Roi de France n'en avait pris possession qu'à titre de Vicaire du dit Empire. Aussi, au temps où nous sommes de notre histoire, l'occupation française est purement et simplement une occupation militaire, faite dans le principe, et existant au nom de l'Empire. Les

Français gardaient les remparts, voilà tout, mais n'avaient rien à voir dans l'administration intérieure de la Cité : Verdun conservait ses droits et ses devoirs de ville libre et impériale. Les bourgeois ne pouvaient tomber sous la juridiction royale qu'en cas d'émeute de leur part et de révolte à main armée contre l'autorité du Roi (1). J'insiste là-dessus parceque je crois que les historiens n'ont pas assez défini le sens de ces mots : *Réunion des Trois-Evêchés à la France*, et ont laissé croire que ce fut une *annexion* analogue, par exemple, à toutes les annexions que nous voyons autour de nous depuis quelques années. Plus tard, sans doute, par la force des évènements, les rois de France joindront à leur autorité militaire dans notre Cité le pouvoir souverain en matière civile, judiciaire et politique : Louis XIII sera roi à Verdun comme à Paris, mais Henry IV lui-même ne sera appelé par les Citains que *Seigneur-Protecteur* (2).

C'est pourquoi, aux yeux de Nicolas Psaulme, l'empereur d'Allemagne était toujours son suzerain et Verdun demeurait fief d'Empire. Or, comme à chaque nouvel Empereur qui montait sur le trône, il fallait que les feudataires allassent à nouveau lui demander l'investiture de leurs fiefs, soit en personne, soit par députés, notre Evêque alla donc à Inspruck, *et rendit foi et hommage* à l'empereur Ferdinand qui, avons-nous dit, s'y

Nicolas Psaulme reçoit

(1) Lettres-patentes du roi François II aux bourgeois de Verdun, datées de Bar-le-Duc, au mois d'octobre 1559.

(2) Serment de fidélité de l'évêque Erric de Lorraine, du clergé et des habitants de Verdun au roi Henry IV, en 1601.

de nouveau des mains de l'Empereur l'investiture du temporel de l'Evêché.

trouvait alors. Ferdinand renouvela à Psaulme l'investiture du temporel de l'Evêché, autrefois accordée par son frère, en lui mettant aux mains une épée nue, emblême de la puissance séculière.

De retour à Trente, notre Evêque fut encore choisi par les Pères du Concile pour rédiger différents rapports sur des questions de discipline ecclésiastique.

Clôture du Concile de Trente.

Enfin, le 13 décembre 1563, la clôture du Concile fut prononcée, et Nicolas Psaulme se mit en route tout aussitôt pour revenir dans son diocèse, où sa présence, après une année d'éloignement, était devenue grandement nécessaire.

Retour de Nicolas Psaulme à Verdun.

« Il n'est pour voir que l'œil du maître (1). »
Pendant que Nicolas Psaulme était à Trente, des prédicateurs de la Réforme s'étaient, de toutes parts, introduits dans son diocèse, et avaient gagné à leur cause un très-grand nombre de partisans. Le baron d'Ornes, surtout, se montrait l'un des plus ardents contre la foi catholique, et son château, véritable foyer de prosélytisme protestant, servait de refuge et d'asile à tous les ministres qui couraient le pays. Ce seigneur donnait là un dangereux exemple, d'abord parce qu'il était un des feudataires de l'Evêché, et ensuite parceque son voisinage de Verdun pouvait nuire à la foi dans cette ville.

Nicolas Psaulme commença donc par prévenir son vassal qu'il eût à expulser de ses terres et château les ministres réformés, et à cesser toute

(1) Fables de Lafontaine. *Livre* IV, *fable* XXI.

propagande religieuse. Mais cet avertissement ayant été inutile, l'Evêque se souvint de l'épée qui lui avait été remise, leva quelques compagnies de soldats et les envoya sous le commandement d'un officier énergique châtier le baron d'Ornes. La campagne ne dura que trois jours.

Le baron d'Ornes châtié.

Peut-être, Messieurs, dois-je, à propos de cette modeste campagne d'Ornes, dire un mot pour justifier, aux yeux de quelques-uns, les mesures rigoureuses prises par notre Evêque, en cette circonstance et en d'autres, contre les dissidents religieux de son diocèse.

A propos de certaines mesures de rigueur contre les Protestants, comment il faut étudier l'histoire ?

En général, Messieurs, pour juger avec justesse et droiture ce qui s'est fait ou dit dans les siècles passés, nous devons nous dépouiller d'abord de nos idées modernes, faire abstraction de ce qui se fait, se dit ou se pense à notre époque ; puis nous reporter par l'esprit vers les siècles écoulés, en étudier le caractère, les mœurs générales, en connaître les lois, les convictions dominantes, j'ajouterai même en prendre les sentiments, en éprouver les passions. Cela fait, Messieurs, nous serons surpris de la modification survenue dans notre manière de voir : nous deviendrons moins exclusifs, moins absolus, moins sévères dans nos appréciations et nos jugements sur les choses d'autrefois ; nous expliquerons, nous pardonnerons, nous justifierons même telle mesure prise, tel acte accompli, telle parole dite, qui nous semblent un attentat à nos droits d'aujourd'hui, une flagrante opposition à toutes nos idées actuelles ; nous en comprendrons l'opportunité, peut-être même la nécessité. — Il va sans dire que toujours le crime reste crime, que toujours la bassesse demeure chose vile et honteuse!

C'est pourquoi, Messieurs, j'applique cette manière d'étudier l'histoire, qui me paraît bonne et sage, je l'applique à la question qui nous occupe, c'est-à-dire à la conduite de Nicolas Psaulme envers les Protestants, et je dis : Oublions ces grands principes de tolérance, de liberté de conscience, d'égalité de tous les cultes comme de tous les citoyens devant la loi civile, qui nous régissent aujourd'hui. Il y a trois siècles ils étaient tout-à-fait méconnus, tout-à-fait réprouvés; si méconnus, si réprouvés, que les Protestants qui réclamaient pour eux cette liberté, cette égalité, cette tolérance, les refusaient aux Catholiques lorsqu'ils étaient les plus forts. Oublions que nous sommes du XIXe siècle, et faisons-nous par la pensée citoyens de Verdun en 1563, et bons catholiques comme nous le sommes en réalité.

Ce qu'étaient les Protestants aux yeux des Catholiques.

Or à cette époque, comme aux époques précédentes, les gouvernements Européens, royautés ou républiques, se trouvaient encore tellement entés, greffés sur le Catholicisme, qu'ils paraissaient ne pouvoir jamais en être disjoints, et que les rebelles à la religion devenaient, par le fait même, rebelles à l'état. A cette époque, comme dans les époques précédentes, le titre de catholique était aux yeux des masses, ainsi que le titre d'enfant du sol, une condition nécessaire pour faire partie de la société telle qu'elle était constituée, et pour jouir de ses avantages.

Aussi, abjurer la foi commune, c'était renoncer

à sa patrie, que cette patrie fût enclose dans les murs d'une cité ou dans les frontières d'un vaste empire; ne plus dire la prière qu'avaient récitée les aïeux, c'était renier leur souvenir, mentir à son sang; déserter la vieille église où l'on avait été baptisé, marié, où l'on avait apporté ses enfants tout petits et accompagné la dépouille mortelle d'un père, d'une mère, déserter, dis-je, cette vieille église, pleine de tant et de si chers souvenirs, c'était un acte aussi grave, aussi coupable, que d'abandonner aujourd'hui le drapeau national! On ne pouvait comprendre qu'il y eût deux manières d'adorer Dieu.

Quand donc le protestantisme apparut comme une négation de tout ce qui avait fait, depuis douze siècles, presque le seul bonheur du peuple, la consolation de son cœur, la joie de ses yeux, les meilleures de ses fêtes, de tout ce qui avait été la lumière de son intelligence, la règle de sa conduite, le guide de sa vie entière, quand, dis-je, le protestantisme apparut ainsi, il souleva tout d'abord contre lui une immense réprobation.

Mais il flattait dans toutes les classes de la société trop de secrètes passions, il répondait à de trop puissantes aspirations pour ne pas faire de rapides progrès.

Comment nous devons juger la conduite de Nicolas Psaulme envers les Protestants.

Maintenant dites-moi, Messieurs, si Nicolas Psaulme, Evêque et Prince temporel, pouvait et devait supporter l'hérésie nouvelle dans ses domaines? Evêque, sa conscience le lui défendait; Prince temporel, il voyait des ennemis de l'ordre établi dans les étrangers qui cherchaient à la propager; il voyait des rebelles dans ceux de ses sujets qui abandonnaient la foi et les croyances catholiques. Tout naturellement alors il devait songer à tirer contre eux cette épée remise en ses mains au jour où il avait été investi du pouvoir.

Il s'en servit, de cette épée, mais toujours avec une modération qui lui était inspirée par le sentiment chrétien, par les préceptes de l'Evangile et par la douceur de son caractère. Il haïssait l'erreur, mais il aimait les coupables comme un père qui aime encore son enfant lors même qu'il le châtie.

Son livre : *Préservatif contre le changement de Religion.*

Il eût de beaucoup préféré les ramener à la vraie foi par la persuasion, en éclairant leur intelligence et en touchant leur cœur. Pour obtenir ce résultat, il sut trouver, au milieu des nombreuses affaires dont il avait la charge, le loisir de composer un livre intitulé : *Préservatif contre le changement de religion*, qu'il fit imprimer à Verdun en 1563, et qu'il répandit à profusion parmi ses diocésains. Mais il employa aussi dans le même but un autre moyen qui dût malheureusement amener bien des dissimulations et des mensonges. Etant à Trente, il avait envoyé dans son diocèse une profession de foi religieuse avec ordre de la publier et de la faire admettre par tous, clergé et laïcs ; à son retour, il en fit renouveler la publication et exigea que chacun y adhérât en la signant de son nom.

Nicolas Psaulme

Cette profession de foi, solennellement publiée, ne parut point encore au zèle de notre Evêque un témoignage assez éclatant de son attachement à l'Eglise.

songe à faire accepter le Concile de Trente dans son diocèse.

Les décrets du Concile de Trente n'avaient point été promulgués en France dans leur totalité. Le parlement avait accepté tous ceux qui exposaient la doctrine catholique, mais il avait repoussé ceux qui concernaient la *police* et la *réformation*, comme dérogeant aux droits du roi et aux priviléges de l'*Eglise gallicane*. Nicolas Psaulme, qui n'avait rien à voir avec les idées du parlement, résolut de publier dans son diocèse tous les *canons* ou décrets du Concile et de les faire accepter par son clergé.

Tout d'abord il mit lui-même en ordre les décrets que la célèbre Assemblée avait rendus au sujet de la *foi* et au sujet de la *discipline*, et les fit imprimer à Verdun en 1564, précédés d'une épître dédicatoire au Cardinal de Lorraine.

Opposition qu'il rencontre.

Notre Evêque connaissait trop les hommes pour ne pas s'attendre à rencontrer des oppositions à son dessein : il le dit au Cardinal.

Cependant, le 10 février de cette même année 1564, il présenta les décrets du Concile à son Chapitre, « et le fit sommer de s'y conformer (1). » Le lendemain, le Chapitre répondit par ses députés qu'il acceptait tous les Canons qui concernaient la foi, mais qu'à l'égard des décrets de la réforme, il attendait la confirmation officielle du St-Siége auquel il était immédiatement soumis, ou bien la décision du Concile provincial. Du reste, il se réservait de protester contre tout ce qui serait

(1) Roussel. *Histoire de Verdun.*

contraire aux usages établis de temps immémorial dans l'Eglise de Verdun.

Réforme ecclésiastique

Devant cette opposition, Nicolas Psaulme dût renoncer à son dessein. Seulement il sut faire passer dans les statuts synodaux qu'il publia la même année, une grande partie des décrets de *réforme*, et de cette façon il les imposa à son clergé. Mais comme sa prudence n'avait exigé après tout que ce qu'il croyait nécessaire, il n'eut pas de peine à obtenir l'exécution des trois points qui lui semblèrent les plus importants pour le rétablissement de la discipline ecclésiastique dans son diocèse. De ce moment les études des jeunes clercs devinrent plus sérieuses et plus fortes ; il n'admit à la conduite des âmes que des prêtres recommandables par leur science et par la gravité de leurs mœurs ; enfin les curés et les vicaires furent obligés de résider dans leurs paroisses, afin d'y instruire les fidèles par la prédication, de les édifier par leurs bons exemples et de les sanctifier par l'administration des sacrements. La science et la vertu, voilà, en effet, Messieurs, les deux bases sur lesquelles doit reposer l'édifice du sacerdoce ! Voilà la seule et honorable source de son autorité morale sur les peuples ! Avec la science et la vertu, le sacerdoce catholique peut tout pour la gloire de Dieu et le bien des âmes ; sans cela, il ne peut rien !

A peine sorti de ces embarras, que j'appellerai ecclésiastiques, Nicolas Psaulme se trouva bien vite en avoir d'autres d'un genre différent. Nous allons les redire brièvement

Impôts excessifs levés par l'Empire sur l'Evêché de Verdun.

L'Empereur d'Allemagne, qui sans doute avait renoncé à la possession effective des Trois-Evêchés, n'avait pas renoncé à en tirer de l'argent. Il n'était plus le maître des places fortes, mais il prétendait l'être toujours des bourses. Vraiment, Messieurs, c'était, il faut le dire, une triste situation que celle où se trouvaient alors nos contrées! L'Empereur, en sa qualité de Suzerain puisque le roi de France n'était que son *Vicaire* à Verdun, à Metz et à Toul, l'Empereur demandait des florins à notre Evêque; le duc de Lorraine lui en demandait aussi pour l'entretien de ses troupes, qui avaient défendu Dieulouard, fief de l'évêché, assiégé par les hérétiques.

Nicolas Psaulme, dont les finances étaient épuisées, s'adressait à son Chapitre et à son clergé, qui, alléguant certains priviléges, refusaient de payer leur quote-part des tailles exigées, et recouraient à la protection du roi de France, afin de n'y être pas contraints par la force; il s'adressait aux seigneurs ses vassaux qui refusaient aussi, aux riches bourgeois de la ville qui faisaient mettre les armes de France sur la porte de leurs demeures, afin d'en interdire l'entrée aux collecteurs épiscopaux. Il fallait donc lever des impôts sur un pays ruiné, imposer taxes sur taxes sur les terres de l'évêché, pressurer les villes et les campagnes pour répondre à ces dures exigences; ou bien voir les soldats de l'Empereur venir eux-mêmes lever les contributions, et les lever sans pitié, comme avaient coutume de le faire les gens de guerre. Sans doute notre Evêque, dont le cœur saignait au spectacle de la misère publique, employait tous les moyens possibles pour alléger le poids de ces impôts, mais la chambre impériale de Spire, qui était chargée de les recouvrer, se montrait impitoyable.

Cependant les plaintes si justes de Nicolas Psaulme et ses continuelles requêtes à l'Empereur furent entendues. Maximilien II, successeur de Ferdinand Ier au trône d'Allemagne, ordonna de surseoir aux poursuites rigoureuses ordonnées par la chambre de Spire, et le roi de France Charles IX, prenant enfin la ville et l'évêché de Verdun sous sa sauvegarde, les délivra des exactions impériales.

Projet de construction d'une citadelle à Verdun.

Ce fut au milieu de tous ces ennuis que Nicolas Psaulme dut faire un voyage à la cour de France pour épargner à sa ville épiscopale le redoutable voisinage d'une citadelle.

Nous avons déjà dit que l'occupation française à Verdun était toute militaire. La cour de France, afin de la rendre plus durable et plus forte, résolut d'y construire une citadelle. Une citadelle à Verdun, Messieurs, avait à coup sûr un double but dans la pensée de nos maîtres d'alors. Elle opposerait une résistance de plus à l'ennemi du dehors, lequel, dans le cas où un siége heureux le rendrait maître de la ville, aurait encore à côté une forteresse à conquérir. Il n'était pas rare, en effet, de voir la garnison d'une ville prise se retirer dans la citadelle et s'y défendre avec succès. D'autre part, elle assurait la possession de la place elle-même.

De là, en effet, une forte garnison française se trouvait maîtresse de la ville qu'elle dominait, et ses canons pouvaient facilement la foudroyer si jamais elle se soulevait contre la France ou refusait de se soumettre à certaines mesures royales. Combien de villes on avait punies en leur attachant ainsi au flanc quelque bonne forteresse !

L'Evêque et les habitants refusent une citadelle.

C'étaient là les appréhensions du peuple de Verdun et de son Evêque. Cette citadelle qu'on voulait leur bâtir semblait menacer leur indépendance et placer la ville à la discrétion du Roi.

C'est pourquoi Nicolas Psaulme, accompagné d'une députation des notables, se rendit à Fontainebleau où se trouvait la cour, afin de présenter à Charles IX les humbles remontrances de la Cité. On dit au Roi qu'une citadelle à Verdun porterait dommage et incommodité à la ville et au pays, qu'elle n'était pas nécessaire, attendu la grande loyauté des habitants, leur affection et dévouement au Roi et à son service, que pour la construire il fallait démolir une partie de la ville, et enfin que l'on pouvait craindre d'exciter les susceptibilités de l'Empire.

Une lettre de Charles IX, datée de Fontainebleau, 21 mars 1567, et écrite au sieur de Losse, capitaine et gouverneur de Verdun, nous apprend le résultat de cette démarche :

Lettre de Charles IX à ce propos.

« Monsieur de Verdun, écrit le roi, est venu icy
» devers moi..., et m'a donné beaucoup de belles
» raisons que j'ai au long et doulcement ouyes,
» touttes tendantes à me faire changer de dessein.
» Mais après luy avoir faict entendre et à plusieurs
» de la dite ville qu'il avait amenés avec luy, qu'à
» la vérité j'avais eu grande occasion de me
» contenter d'eulx... que tant s'en fallait que

» j'eusse entrepris la dicte citadelle pour leur » nuire, qu'au contraire je le faisais pour laisser » la dicte Cité en plus de liberté, et en temps » paisible la descharger de l'incommodité que » les soldats meslés parmy les habitants peuvent » apporter; qu'elle estait dressée en lieu le moins » dommageable, et que j'avais donné ordre qu'il » ne serait ny pris aulcune maison qu'elle ne fust » et bientôt payée et récompensée; qu'il ne » fallait pas avoir crainte que la dicte Cité demeu» rast en danger... et que je désirais que luy » Evesque s'accomodast à trouver bon ceste mienne » résolution et y disposer les habitants... Et l'ay » tellement rendu sûr de ma bonne intention qu'il » s'en trouve plus satisfaict qu'il montrait estre » venu (1)... »

Ce projet de Charles IX, qui paraissait si bien arrêté, ne fut pas mis de sitôt à exécution, et les craintes des Verdunois ne furent point réalisées, au moins pour le moment. Mais 57 ans après, en 1624, Richelieu, qui n'aimait pas l'opposition, fit reprendre à nouveau les travaux de la citadelle, pour en finir avec quelques velléités de résistance de la part des gens de Verdun. On sait que la construction de notre citadelle coûta la tête à M. de Marillac, gouverneur de la ville, accusé de malversations et de pilleries dans le pays verdunois. On sait aussi que plus tard Vauban modifia le plan et le système de défense de cette forteresse, d'après les inspirations de son génie.

Les alarmes se suivaient pour notre Evêque,

(1) Lettre du roi Charles IX à M. de Losse, capitaine et gouverneur de Verdun.

sans interruption comme les flots sur la mer. Après la bataille de St-Denis (novembre 1567), les Calvinistes français, obligés de battre en retraite, résolurent d'aller au devant des secours qui leur venaient d'Outre-Rhin : Condé et Coligny les commandaient. Ils se mirent en route vers la fin du mois, pour la Lorraine, malheureux pays condamné à être foulé sous les pieds de toutes les armées de France et d'Allemagne, passèrent la Meuse à St-Mihiel et se dirigèrent vers Pont-à-Mousson, où ils arrivèrent le 11 janvier 1568. « La joie des » Huguenots fut extrême quand ils virent se » déployer aux bords de la Moselle les épais » escadrons des cavaliers noirs (1). » Jean-Casimir de Saxe leur amenait huit mille chevaux de combat et trois mille lansquenets.

Crainte d'une invasion protestante.

Sur quel point cette formidable troupe allait-elle se porter? Nicolas Psaulme, dans l'incertitude, de concert avec les magistrats de la ville et le commandant royal, fit mettre immédiatement Verdun en état de défense, et leva dans les terres de l'Evêché trois compagnies de soldats pour renforcer la garnison française et la milice bourgeoise. Heureusement l'orage prit une autre direction, remonta la Moselle, longea les pieds des Vosges, et se jeta sur la France du côté de la Bourgogne.

Nicolas Psaulme administrateur de l'Evêché de Metz.

La même année (1568), le Cardinal de Lorraine résigna son évêché de Metz en faveur du Cardinal de Guise, son neveu, fils du duc François et frère du *Balafré*. Cette ambitieuse famille avait alors en mains toutes les dignités de l'Eglise et de l'Etat. Vrai sang de Guise, le jeune Cardinal était déjà

(1) Les reîtres portaient des armures noires.

trop mêlé à la politique et aux passions de son parti, pour aller s'enfermer dans sa ville épiscopale et y remplir les austères devoirs d'un évêque. Il pria donc Nicolas Psaulme de se charger de l'administration des affaires spirituelles et temporelles de l'évêché de Metz. Il savait qu'entre les mains de notre Evêque, ni son diocèse, ni ses propres intérêts n'auraient rien à souffrir de son éloignement. Psaulme accepta cette marque de confiance, qui fut pour lui une véritable charge, et se rendit dans le pays messin afin d'en voir par lui-même l'état, et d'y pouvoir aux besoins de la religion.

Mais pendant qu'il était occupé aux affaires de son illustre commettant, de graves embarras lui étaient suscités dans son diocèse.

Démêlés avec le duc de Bouillon à propos de la Prévôté de Mangiennes.

Henry-Robert de la Marck, duc de Bouillon, héritier de la seigneurie de Jametz du chef de son oncle, Jean de la Marck, dont nous avons déjà parlé, vexait à plaisir les gens de la prévôté de Mangiennes, domaine de l'évêché. Calviniste zélé et prince ambitieux, il se posait en ennemi de notre Evèque, et par politique, et par religion; il faisait chasser de Mangiennes les officiers épiscopaux venus pour y rendre la justice, forçait les habitants à s'adresser à ses magistrats de Jametz, prélevait tous les impôts, ravageait les forêts du pays dont il employait les plus beaux arbres à son château de Jametz, enfin il agissait en toutes choses comme maître et unique Seigneur de la dite prévôté, quoiqu'il ne le fût que pour un huitième.

D'un autre côté, ceux de Tilly-sur-Meuse, gagnés par des ministres protestants venus peut-être de Jametz, avaient en grand nombre adopté les nouvelles croyances. Puis, après avoir refusé d'obéir à l'autorité spirituelle de l'Evêque, on s'était mis à Tilly et dans plusieurs villages des bords de la Meuse, en rébellion contre son autorité temporelle, sous prétexte que les taxes étaient excessives, et l'on avait demandé aide et protection au bailli de Vitry, officier du roi de France.

Vaines plaintes de Nicolas Psaulme contre le duc de Bouillon.

L'Evêque de Verdun n'était point assez fort pour contraindre le puissant duc de Bouillon à cesser ses exactions et à abandonner ses prétendus droits sur la prévôté de Mangiennes. Il demanda justice au roi de France qui n'y pouvait rien ou ne s'en inquiétait guère; il eut recours à l'empereur, à la Chambre impériale de Spire, aux Guises, qui tous le payèrent de conseils ou de promesses; de guerre lasse enfin, il cessa ses doléances et attendit. Même, s'il faut en croire les historiens de l'époque, il craignit un moment que Jehan de Schlandres, gouverneur de Jametz pour le dit duc, ne vînt jusque dans Verdun lui imposer la loi, car on cite cette lettre du Cardinal de Guise :

« Monsieur de Bouillon ne se vouldrait desclarer » contre le roy; il ne saurait sortir artillerie de » Jametz, et, quand il aurait du canon, il aurait » grand peine à le mener contre vous et vostre » ville où avés moyen de vous bien deffendre. Il » n'est donc ja besoing que vous deslogiez de » Verdun, ne pouvant trouver, pour ceste heure, » plus grande seureté ailleurs (1). »

(1) Husson l'Ecossois. *Histoire manuscrite.*

Soumission des habitants de la prévôté de Tilly.

Quant à l'affaire de Tilly, elle était plus facile à mener à bonne fin. Nicolas Psaulme, blessé dans sa religion et dans son autorité, commença par chasser de la prévôté tous les ministres protestants, et par ordonner à tous les habitants de revenir à la foi catholique et à son obéissance. Les uns obéirent, les autres en plus grand nombre refusèrent. Alors il fit mettre en prison et confisquer les biens de ceux qui étaient connus pour soutenir ou propager l'hérésie, puis il obtint du Roi de France un édit qui défendait au bailli de Vitry de recevoir en sa juridiction les habitants de la prévôté et commandait à ceux-ci de se soumettre à celle de l'Evêque. Mais ce premier arrêt fut impuissant sur les obstinés rebelles.

Deux autres arrêts furent successivement rendus, et ils n'auraient pas eu plus de résultats que le premier si, par l'ordre du Roi et à la requête de l'Evêque, le commandant militaire de Verdun n'avait dépêché quelques soldats pour les faire exécuter. Mais le caractère de Nicolas Psaulme répugnait aux mesures violentes. La soumission obtenue, il oublia ses griefs, pardonna aux habitants de Tilly et à tous ceux qui avaient pris part à la révolte, leur faisant remise complète des frais et amendes qu'ils devaient payer.

Missionnaires envoyés dans le pays de Meuse.

Les soldats furent rappelés et à leur place notre Evêque envoya des missionnaires dans tout le pays de Meuse. Un P. Firmin Capicier, docteur en théologie, de l'ordre des Récolets, mandé exprès de Paris, se fit surtout remarquer par son zèle, sa piété, sa parole entraînante, et son inébranlable patience. Dieu bénit les travaux spirituels de ces véritables apôtres de l'Evangile. La foi catholique, un moment ébranlée, fut raffermie, l'hérésie, un moment triomphante, fut vaincue, et Nicolas Psaulme eut la consolation de voir rentrer dans le sein de l'Eglise tous les dissidents religieux, à Ancemont, à Villers, à Tilly, à St-Mihiel, à Sampigny, à Buxières. Deux familles seules persistèrent dans l'erreur, au petit village de Bouquemont.

Mais il était dit que notre pauvre pays serait frappé de tous les malheurs à la fois ! Aux guerres étrangères qui le désolaient, aux discordes religieuses qui divisaient la société et les familles, à ces lourds impôts de sang et d'argent sans cesse levés sur le peuple, vint se joindre en ce temps-là le terrible fléau de la peste.

La peste à Verdun.

Cette peste, qu'on appelait *Hongroise, morbus Hungaricus*, nous était venue des lointaines contrées de la Hongrie, à la suite des guerres entre l'Allemagne et les Turcs. C'était la septième fois depuis cinquante-cinq ans qu'elle éclatait en Lorraine, dans le Barrois et à Verdun, et chaque fois elle avait fait des ravages affreux. Pendant les années 1568 et 1569, la mortalité fut telle que des villages entiers furent dépeuplés et que notre ville parut un moment déserte.

Les offices divins furent interrompus, les prêtres, que leur devoir appelait au chevet des mourants, furent décimés ; la mort frappait dans les rues et sur les places, comme les boulets sur un champ de bataille ; des cadavres restèrent abandonnés dans les maisons, faute de personnes pour les ensevelir et les porter : l'effroi glaçait les cœurs comme le sang : il y eut des lâchetés inouïes, il y eut des héroïsmes admirables !

Si dans notre siècle, Messieurs, une maladie que je ne nommerai pas sévit encore parfois avec une telle violence sur les villes et les campagnes où elle s'abat, jugez de ce que ce devait être dans un temps qui n'avait ni notre science médicale, ni notre organisation de secours, ni notre bien-être matériel, ni enfin aucun des moyens préservatifs et curatifs que nous possédons aujourd'hui.

Comme saint Charles Borromée à Milan vers la même époque, comme plus tard l'illustre évêque Belzunce à Marseille, Nicolas Psaulme, dans Verdun, se montra par son dévouement à la hauteur de la calamité publique. « Il fut admi- » rable d'énergie et d'intelligence, » dit M. Charles Buvignier, qui ne le flatte guère (1).

Sans doute, Messieurs, ce dévouement de notre Evêque fut vite oublié ; ni l'histoire ne l'a buriné, ni la poésie ne l'a chanté, « il n'a eu aucun » gaige ni récompense que celle de Dieu ! » A nous donc de le proclamer bien haut.

Déjà souffrant lui-même, et affaibli plus encore par les fatigues de son laborieux épiscopat que par l'âge, non-seulement il refusa de quitter Verdun comme le lui conseillaient les médecins, mais il descendit dans les rues de la Cité, et pénétra jusqu'aux foyers les plus infectés de

(1) Rapport à la Société Philomatique de Verdun. — *Recherches historiques sur les maladies épidémiques qui ont régné dans le Verdunois.*

l'épidémie. On le vit dans la mansarde du pauvre et dans la somptueuse demeure du riche, partout où il y avait des larmes à sécher, des douleurs à adoucir! On le vit donnant lui-même de sa main vénérée les derniers sacrements, suprême consolation de l'Eglise, aux victimes du fléau, exhortant les fidèles à la pénitence afin de fléchir la colère divine, ranimant par ses paroles et son exemple les courages abattus, relevant enfin, par le spectacle de son énergie, l'énergie de son peuple et de ses prêtres.

Pareil à un général qui, lors même qu'il combat au premier rang l'épée à la main, n'oublie pas son rôle de chef et dirige la bataille, Nicolas Psaulme, en même temps qu'il exposait sa vie comme le plus humble de ses prêtres, employait toute son autorité afin de faire exécuter dans notre malheureuse ville toutes les prescriptions et les règlements que sa sagesse lui avait inspirés pour la salubrité publique et le soulagement des pestiférés. La pauvreté et la misère grandissant avec l'épidémie, il fit vendre, pour donner du pain aux malheureux, les vases sacrés des églises qui n'étaient point absolûment nécessaires au culte divin, son argenterie et ses meubles; peu s'en fallut que dans son palais il ne couchât sur la paille. Le Cardinal de Lorraine lui-même s'émut de tant de souffrances, et écrivit à notre Evêque des lettres pleines de bonnes paroles d'encouragement et de commisération.

Ce ne fut que vers la fin de 1569 que cette cruelle maladie cessa complètement, laissant après elle comme des traces lugubres, le deuil dans toutes les familles, la dépopulation dans la Cité, une foule d'enfants orphelins. Elle devait reparaître neuf fois encore dans le cours du XVIe siècle.

QUATRIÈME CONFÉRENCE.

NICOLAS PSAULME FONDE LE COLLÉGE DE VERDUN.

1570.

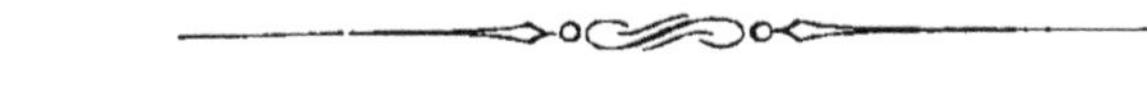

Il ne suffit pas d'un jour, si beau soit-il, pour réparer dans les campagnes les dégâts causés par l'ouragan. La ville de Verdun, MESDAMES et MESSIEURS, fut longtemps aussi à effacer les traces du fléau qui venait de passer sur elle. L'une de ses conséquences les plus pénibles au cœur de Nicolas Psaulme fut l'abandon momentané qu'il dût faire de sa généreuse entreprise pour l'instruction et l'éducation de la jeunesse dans son diocèse et dans sa ville épiscopale.

Il nous faut, ici, remonter à quelques années pour suivre les vicissitudes auxquelles furent soumis ses projets à cet égard.

Je vous ai dit, Messieurs, dans une précédente conférence, que Nicolas Psaulme avait fondé en 1558 dans notre ville une Université qui servait en même temps de Séminaire. Cet établissement, grâce au talent des maîtres et à la protection toute spéciale de l'Evèque, avait prospéré dans les commencements. Mais l'argent est le nerf de toutes choses ; Nicolas Psaulme, dont les revenus étaient minces et les charges considérables, s'était vu bientôt dans l'impossibilité de soutenir son œuvre, et l'Université établie à St-Jacques avait dû être fermée, faute de ressources, vers 1565.

Psaulme fit part de cet évènement, qu'il regardait comme un malheur, à son puissant ami, le Cardinal de Lorraine. Ce Cardinal, qui, lui aussi, favorisait de tout son crédit le développement de l'instruction, conseilla à notre Evêque de poursuivre son généreux dessein au prix des plus grands sacrifices, et de mettre à la tête de son Université des Pères de la Compagnie de Jésus, en place des anciens professeurs. L'ordre naissant des Jésuites avait à peine vingt-cinq ans d'existence, et déjà il jouissait d'un grand renom de vertus, de sciences et d'habileté dans la direction de la jeunesse. Nicolas Psaulme, qui avait connu à Rome saint Ignace de Loyola et quelques-uns des principaux de la Compagnie, accepta ce conseil avec empressement et appela les Jésuites à St-Jacques. Le succès couronna ses espérances.

Les Jésuites à la tête de l'Université de St-Jacques.

Dans le même moment, le Cardinal ayant créé une Université à Reims, sa ville archiépiscopale, l'avait aussi mise entre les mains des Jésuites. Puis il avait chargé notre Evêque de veiller à la fondation de celle de Pont-à-Mousson, et de prendre en son nom quelques mesures pour assurer à ce nouvel établissement des revenus convenables.

L'Université de Pont-à-Mousson, dirigée par les Jésuites jusqu'en 1762, avait acquis, au siècle dernier, une grande célébrité. C'était alors une école militaire pour la Lorraine. Dissoute aux premiers jours de la grande Révolution, elle jeta dans les rangs de nos armées un grand nombre de jeunes gens dont quelques-uns devinrent des officiers distingués. Parmi eux je citerai le grand maréchal Duroc, les généraux de Bourcier, Lacoste et l'illustre général baron Jacquinot (1).

Nicolas Psaulme voyait avec bonheur la prospérité de son Université de St-Jacques quand tout-à-coup éclata la cruelle épidémie de 1568. Les maîtres et les élèves furent dispersés par le fléau, et l'Université de Verdun fut fermée pour la seconde fois.

La persévérance était l'un des traits les plus saillants du caractère de notre Evêque. Le fléau disparu, les terreurs évanouies, il songe immédiatement à rappeler les Maîtres, et à rouvrir les Ecoles à la jeunesse studieuse de sa ville et de ses terres. En 1570, les Jésuites revinrent donc prendre possession de l'Université, et leur retour fit accourir de toutes parts de nombreux élèves.

St-Jacques insuffisant pour une Université.

Bientôt les bâtiments de l'Aumônerie de St-Jacques furent insuffisants. De vastes constructions et des terrains, appartenant au Chapitre de la Cathédrale et à celui de la Magdeleine, se trouvaient libres à la ville-haute près de l'impasse de Ripe. Nicolas Psaulme résolut d'y transporter sa chère Université. Mais les deux Chapitres s'y oppo-

(1) Le général baron *Jacquinot* né en 1772, lieutenant au 1er bataillon des volontaires de la Meurthe en 1791, colonel de chasseurs en 1806, général de brigade en 1809 et de division en 1813, pair de France en 1837, mort à Metz en 1848. Le général Jacquinot avait été surnommé par Murat, qui s'y entendait : *le brave de tous les jours.*

Nicolas Psaulme jette les yeux sur l'hôpital de St-Nicolas-de-Gravière.

sèrent avec une énergie qui le força à renoncer à son dessein. Alors il jeta les yeux sur l'hospice de St-Nicolas-de-Gravière, situé proche des remparts qui bordaient la Meuse à l'Est de la ville.

L'origine de cet hôpital rappelle la générosité de vos pères. Gardons, Messieurs, de tels souvenirs; ils font honneur à ceux qui les laissent et à ceux qui les conservent. Vers 1140 vivait à Verdun un riche bourgeois, nommé Constantius, et sa femme, nommée Officia, tous deux de bon renom et de grandes vertus. N'ayant pas de postérité, ils songèrent à consacrer une immense fortune, honorablement acquise dans le négoce, au soulagement des pauvres et au bien de la Cité ! Pour le bien de la Cité, ils aidèrent à la construction de notre cathédrale, puis ils firent édifier sur la Meuse un pont de pierres qu'on appela le pont Chaussée, et une autre route ou chaussée aboutissant à ce pont et traversant les terrains alors marécageux qui, de ce côté, séparaient la ville de la campagne (1). Pour soulager les pauvres,

Constantius et Officia.

(1) Un plan de Verdun en 1591 donne une idée de cette partie de la ville.

La belle porte ou tour Chaussée actuelle terminait le rempart en deçà de la Meuse, comme on le voit encore. Puis la Meuse servait de défense naturelle jusqu'à la grosse tour du moulin du Puty, qui existait déjà alors. A cette tour du Puty venait s'appuyer la muraille flanquée d'autres tours qui remontait du côté de St-Victor.

Par conséquent, la première porte sous laquelle on passe, en entrant en ville de ce côté, n'existait pas non plus que toutes les fortifications qui l'avoisinent à droite et à gauche. Un petit bois en occupait l'emplacement, le terrain était fangeux quoique cultivé, la chaussée construite par Constantius et Officia le traversait et venait aboutir à leur pont de pierres. Au milieu de ce pont jeté ils fondèrent, ou au moins agrandirent considérablement un hôpital qui couvrait les vastes terrains situés entre la porte Chaussée et le couvent des Dominicains ou Jacobins, lui firent de leurs biens des revenus considérables et peut-être même y servirent de leurs nobles mains les pauvres de Dieu. Cet hôpital fut St-Nicolas-de-Gravière, ainsi appelé sans doute à cause de sa situation sur les bords de la Meuse.

Lorsque Nicolas Psaulme se fut décidé à transformer en collége St-Nicolas-de-Gravière, il fit conduire en la Maison-Dieu de St-Catherine tous les malades et les pauvres qui s'y trouvaient, et voulut que tous les produits de l'Aumône publique fussent désormais affectés à Ste-Catherine, qui devint dès lors l'hôpital général de la Cité.

Puis, quand les bâtiments de St-Nicolas-de-Gravière furent mis en état et appropriés à leur nouvelle destination, notre Evêque les remit aux Jésuites pour y ouvrir un COLLÉGE.

Fondation du COLLÉGE.

Je ne vous étonnerai pas, Messieurs, si je m'arrête longuement sur l'histoire du Collége de Verdun. Je le dois à l'illustre Evêque, son fondateur, dont je retrace devant vous la vie et les actes; je le dois à Vous, habitants de Verdun, à notre Collége lui-même, et, j'oserai ajouter, aux fonctions que j'y remplis.

La Charte de fondation du Collége se trouve

sur la Meuse en sa plus grande largeur, était construite une grosse tour, dont les pieds baignaient dans la rivière et qui en défendait le passage, avec la tour Chaussée placée à l'extrémité.

aux archives de l'Hôtel-de-Ville ; elle est datée du 25 septembre 1570. Je ne puis mieux faire que de vous en citer quelques extraits (1).

Charte de Fondation du Collége.

Contre les erreurs du temps et les mœurs relâchés « qui mettent la Chrestienté en grand » bransle, » Nicolas Psaulme ne voit d'autres ressources « que bonnes et fortes garnisons de » piété et bonnes lettres. »

« C'est pourquoi, dit-il, par l'advis des gens des » Estats de nostre Cité, et, par ensemble, considé- » rant que plus grand parement et forteresse ne » pouvait être mise en la dicte Cité, que si, en » icelle (comme aujourd'hui elle est destituée de » tous fruits de bonne discipline), est dressé un » COLLÉGE, auquel, comme pépinière de la Répu- » blique, officine des lettres humaines, grecques » et latines, source de toute vertu, les enfants » de tous nos citoyens, en leur pays mesme, à l'œil » de leurs parents, père et mère, sans aucun frais » apprennent la piété et bonnes lettres dès leur » jeune aage, et avec doulceur et amitié soient » maintenus en tous devoirs et obéissance envers » Dieu et leurs parents. »

« Avons érigé et institué et érigeons et insti- » tuons par cestes, un COLLÉGE de la dicte Com- » pagnie et Société du nom de Jésus, en dedans » nostre Cité de Verdun, au lieu que d'ancienneté » et de présent l'on dit l'hospital de St-Nicolas-de- » Gravière, lieu le plus commode et le plus conve- » nable qu'on ayt peû choisir en la dicte Cité. »

(1) Un double de cette charte est conservé aux archives de l'hospice Ste-Catherine.

J'avoue, Messieurs et Mesdames, que je suis heureux de trouver tout d'abord, dans cette charte, monument de l'intelligence et du cœur de notre Evêque, j'avoue que je suis heureux d'y trouver des paroles comme celles-ci : « Afin que les enfants » de tous nos citoyens en leur pays mesme, et à » l'œil de leurs parents, père et mère, apprennent » la piété et bonnes lettres dès leur jeune aage. » Depuis onze années déjà, j'ai la satisfaction de vivre au milieu des enfants de votre collége ; eh bien ! j'unis ma faible voix à la grande voix de Nicolas Psaulme pour vous dire : Gardez vos fils près de vous durant les précieuses années de leur enfance et de leur première jeunesse, ne vous en séparez, ne les éloignez, que lorsqu'il vous sera impossible de faire autrement. L'Education de la famille doit côtoyer l'instruction du Collége, le père et la mère doivent pétrir et former le jeune cœur, en même temps que la main des maîtres éclaire et agrandit l'intelligence.

Les Enfants doivent être élevés sous l'œil des parents.

Mais j'ai vu aussi, dans les paroles de Nicolas Psaulme, un enseignement pour nous, Messieurs, qui avons reçu de la confiance des parents la redoutable charge de guider et d'instruire leurs enfants : « Qu'ils soient, nous dit notre Evêque, » avec doulceur et amitié, contenus en tous de- » voirs et obéissance envers Dieu et leurs parents. » Aimons nos élèves, qu'ils le sachent, qu'ils le voient, et nos leçons leur seront plus profitables ! Que notre sévérité à leur égard, s'il en faut, respire la bonté ! Et n'oublions pas que notre mission est de leur enseigner non seulement ce qu'ils doivent savoir, pour devenir des hommes

Les Enfants doivent être instruits avec amitié et douceur.

instruits, mais encore ce qu'ils doivent faire pour être un jour des hommes fidèles à Dieu, à la famille, au pays!

Je continue la lecture de la Charte :

Dons particuliers de Nicolas Psaulme au Collége.

« Pour l'augmentation, dotation et fondation » duquel Collége... par les dictes présentes y » donnons, appliquons et approprions une belle » et grande maison, granges, jardins et aultres » commodités et usuaires au lieu de Verdun, en » la rue tirant à St-Paul, respondante par der- » rière au susdict hospital St-Nicolas, la quelle » ferons accomoder selon le dessein de ceulx de » la dicte Compagnie. »

« Cette grande et belle maison, en la rue tirant » à St-Paul et respondant par derrière au susdit » hospital St-Nicolas, » propriété particulière de Nicolas Psaulme, devait considérablement agrandir les logements et dépendances du nouveau Collége. A ce don le généreux Evêque en ajoute d'autres.

« Avons aussi donné, assigné et constitué, » et par ces présentes, donnons, assignons et » constituons la somme de mil francs barrois de » rentes annuelles et perpetuelles au dict Collége, » à prendre et à lever et avoir annuellement et » perpétuellement, tant en deniers clairs, comme » en fermes. »

Mille francs barrois valaient à peu près six mille francs de notre monnaie. Il faut se souvenir, pour apprécier la libéralité de notre Evêque envers son Collége, qu'il ne jouissait pas de tous les revenus de son Evêché, que les circonstances malheureuses dans lesquelles on se trouvait alors l'avaient forcé à des dépenses considérables, et qu'il était relativement pauvre. Sont ensuite indiquées les diverses provenances de cette somme : C'est 600 francs de rentes sur la ville de Paris; c'est une somme de neuf-vingt-francs en réserve près de l'Evêque pour ses bonnes œuvres; c'est une autre somme de neuf-vingt-francs de rentes à lui due par la Cité de Verdun (1); ce sont des rentes qui devront être prises sur sa terre de Neuville-en-Verdunois, sur celle de Rarécourt, *etc*...

Après avoir donné de son bien, Nicolas Psaulme justifie pour ainsi dire le don qu'il fait au Collége des bâtiments, terres et revenus de St-Nicolas-de-Gravière :

« D'autant, dit-il, que, de toute ancienneté,
» la superintendance, régime, gouvernement et
» administration des trois hospitaulx du dict
» Verdun a appartenu et appartient, et a tou-
» jours demeuré à Nous et à nos prédécesseurs
» Evesques et Comtes de Verdun, et que pré-
» sentement les aultres hospitaulx par Nous de
» nouveau réédifiés et restablis, joincte l'Aus-
» molne publicque érigée depuis quelque temps
» en ceste Cité, sont suffisantes pour la réception,
» nourriture et entretennement des pauvres; et

(1) En 1560 N. Psaulme avait donné une somme à la ville, à charge d'entretenir un certain nombre d'Ecoliers à St-Jacques. Par lettres du 6 avril 1671, il transfère au Collége la rente de cette somme et impose à l'Hôtel-de-Ville l'obligation de la payer.

Beau parchemin, aux armes et à la signature de N. Psaulme, conservés aux archives de l'Hôtel-de-Ville.

» que dailleurs il revient un plus grand proufit » à l'Eglise universelle d'un Collége d'une si » saincte Compagnie, auquel les esprits, qui » sont divins, célestes et immortels pourtraits » de la Divinité, sont nourris et entretenus, et » les études des pauvres enfants advancées, que » des hospitaulx auxquels les corps mortels et » sujets à corruption sont seulement sustentez de » viandes corporelles.

Cession des biens de l'hôpital St-Nicolas-de-Gravière au Collége.

» Pour toutes ces bonnes, justes et raisonables » considérations, par l'advis et consentement des » gens des dits Estats, grandes prières et inter- » pellations d'iceulx, avons convertis, incorporés » et appropriés, et par les présentes convertis- » sons, incorporons et approprions les églises, » manoirs, gaignages, ensemble et chascun des » héritages, cens, rentes, revenus et tous et quel- » conques aultres émoluments, appartenances et » dépendances du dict hospital de St-Nicolas-de- » Gravière, tant au dedans qu'au dehors de la » Cité, partout où ils pourront estre trouvés, » situés et assis, pour ceulx de la dicte Compagnie » résidente au dict Collége, à tout temps et à » l'advenir, et perpétuellement les cueillir, prendre » et repcevoir et en jouir et les appliquer à leur » propre et volontaire proufit, usage, nourriture » et entretennement, et *ce en contemplation et* » *faveur du dict Collége, pour l'instruction de* » *la jeunesse ez lettres humaines, grecques et* » *latines et bonnes mœurs*... le TOUT GRATIS! »

Je m'arrête à ce dernier mot. Il y a trois siècles, Messieurs, Nicolas Psaulme a voulu que l'*instruc-*

tion fut gratuite dans la ville de Verdun; il l'a voulu par une inspiration de sa haute intelligence, et il avait cru l'assurer par sa libéralité. Jusqu'à la grande Révolution, en effet, votre Collége fut ouvert à tous les enfants de Verdun et même des terres de l'Evêché, sans aucune rétribution de leur part. Les fils du pauvre et de l'ouvrier, comme ceux du riche, pouvaient s'y rendre; les sources diverses du savoir y jaillissaient pour tous; tous pouvaient à loisir y puiser, comme sur une place publique tous peuvent puiser à la fontaine qui verse ses eaux bienfaisantes! Ainsi, Messieurs, cette grande question de la *gratuité de l'enseignement*, qui aujourd'hui agite si fort les esprits, a été résolue au milieu de nous par l'un de nos plus illustres Evêques! Ainsi, dès 1570, notre Cité jouissait d'un bienfait que le Ministre, qui dirige aujourd'hui avec une si haute intelligence et un cœur si dévoué l'instruction publique, voudrait étendre à toute la France; noble projet qui est son rêve et qui, réalisé, fera la gloire de son ministère.

Gratuité de l'Instruction à Verdun jusqu'en 1792.

Il y a une différence, pourtant, entre ce qui se passait alors chez nous, Messieurs, et ce que l'on veut faire aujourd'hui. Aujourd'hui on demande la gratuité de l'instruction uniquement pour les écoles *primaires*, parceque l'on a surtout en vue l'avantage des classes ouvrières. Eh bien! à Verdun, les classes ouvrières avaient alors la gratuité, non seulement pour les études *primaires*, mais encore pour les hautes études libérales, pour ce que nous appelons à présent l'*enseignement secondaire*.

Etat florissant de l'Instruction à Verdun.

Après cela, Messieurs, je ne m'étonne plus qu'à la fin du XVIIIe siècle, et au commencement de celui-ci, Verdun fût, parmi toutes les villes de France, une ville à part pour l'instruction. A Verdun, on rencontrait, ce qui n'existait nulle part ailleurs, des hommes dans toutes les classes de la société ayant fait leurs études complètes. Les sciences, plus encore que les connaissances littéraires, étaient familières à tel commerçant, à tel ouvrier même, qui passait sa journée au comptoir ou à l'atelier, et qui, le soir venu, lisait Horace, résolvait un problème, ou étudiait une page d'histoire naturelle dans Buffon. Et, pour preuve de ce que j'avance, je cherche dans les archives de la Société Philomatique établie à Verdun en 1823, et je vois, parmi ses fondateurs ou ses premiers membres, des hommes adonnés au petit négoce ou à des travaux manuels. En trouverions-nous à présent dans ces positions, honorables sans doute, mais modestes aux yeux du monde, en trouverions-nous qui oseraient prendre place, porter la parole, faire des rapports au sein d'une société savante ?

Le Collége de Verdun était donc fondé ! sa prospérité matérielle était assurée par les libéralités de son fondateur ! sa prospérité morale et intellectuelle dépendait des maîtres qui allaient être placés à sa tête.

Ces maîtres ne lui firent pas défaut ; Nicolas Psaulme sut les choisir parmi les plus intelligents, et la tradition s'en est conservée. Vous savez,

Messieurs, ce que valent les maîtres actuels.

Le premier Recteur ou Principal fut le P. André Avantian, l'un des hommes les plus remarquables de la Compagnie. Depuis lors, ce poste a le plus souvent été confié à des esprits éminents. Nous y trouvons le P. Cotton, qui fut le confesseur de Henry IV, et dont le nom est demeuré uni à un juron de ce grand homme si original : *Jarni-Cotton*. Nous trouvons parmi les professeurs le P. Blanchard, auteur de l'*Ecole des Mœurs*, bon livre que nous avons tous lu avec tant de plaisir et de profit dans notre jeunesse.

Quelques Maîtres et quelques Elèves du Collége de Verdun.

J'ai cité des maîtres; voici, Messieurs, les noms de quelques élèves.

Nicolas Arnû (Arnoul) naquit à Meraucourt, petite ferme aux environs de Verdun (1), le 11 septembre 1629. Orphelin à neuf ans, il fut placé au Collége des Jésuites à Verdun, où il fit ses humanités. Bientôt avide de savoir, il alla étudier en diverses Universités de France et d'Espagne, prit l'habit de Dominicains en 1644, et professa la littérature à Urgel, à Tarragonne (Espagne), puis à Perpignan « aux applaudissements de tous, *cum* » *omnium plausû*, » dit sa biographie écrite en latin par un contemporain (2). Attiré vers l'Italie, il se

(1) Meraucourt, canton de Charny, commune de Bezonvaux.

(2) Nicolas Arnû a joui en Italie d'une célébrité plus grande que dans son pays. Sa vie a été écrite par Echard dans son livre, *Bibliotheca ordinis Predicatorum*, qui est une histoire des écrivains de l'ordre des Frères-Prêcheurs, et par Patin qui a fait la biographie de tous les professeurs enseignant à l'Université de Padoue au temps d'Arnû. Ces deux ouvrages très-rares existent à la Bibliothèque de la Minerve à Rome.

Je dois ces détails à l'obligeance de M. l'abbé Didiot, professeur de philosophie au séminaire de Verdun.

rendit à Rome en 1674, y fut nommé professeur de théologie, et « la Ville toute entière redit son » nom avec éloge : *Magna per Urbem sui nomi-* » *nis fama.* » Quatre ans après, il quitta Rome pour aller à la célèbre Université de Padoue occuper la chaire de philosophie « où, dit son » biographe, il enseigne encore à cette heure » (1682) au milieu d'un grand concours d'audi- » teurs, *etiamnùm magno auditorum concursu* » *exercet.* » Nicolas Arnoul est mort en 1692. On a de lui un grand nombre d'ouvrages de philosophie et de théologie et un recueil assez original de prophéties de toutes façons.

Je trouve encore parmi les élèves du collége de Verdun le P. Gerbillon, jésuite célèbre, mort en Chine premier ministre de l'Empereur ; le grammairien et académicien Bauzée ; le comte de Choiseul, lieutenant-général des armées du roi, commandant et inspecteur de la division militaire, en garnison dans cette ville, et parent du fameux duc de Choiseul, ministre de Louis XV. Le comte de Choiseul visitait en 1776 les classes de notre Collége et accordait aux écoliers quelques jours de congé, en souvenir du temps qu'il y avait passé (1).

Enfin on sait que M. Thouvenel, de regrettable mémoire, fit aussi ses études au Collége de Verdun, sa ville natale. M. Thouvenel, mort l'année dernière à l'âge de 48 ans, avait été succes-

(1) *Registre des délibérations concernant l'administration du Collége.* Il ne reste rien des Archives du Collége de l'époque antérieure à la Révolution, si ce n'est ce Registre qui commence en 1763 et finit en Janvier 1783.

sivement ambassadeur à Constantinople, ministre des affaires étrangères et grand référendaire du Sénat.

Les Jésuites de Verdun ne furent pas frappés par l'édit de 1594 qui bannissait de France leur société : Verdun n'était pas France. Lorsqu'en 1603, Henry IV, venant en Lorraine, passa par notre ville, ils sollicitèrent l'honneur de lui être présentés. Le roi les reçut bien et emmena avec lui le P. Cotton dont l'esprit lui plut. Ce fut peut-être à cette circonstance que les Jésuites dûrent la même année leur rappel dans le royaume.

Les Jésuites bannis et remplacés au Collége par des prêtres séculiers.

Ces maîtres habiles de la jeunesse firent du Collége de Verdun une école célèbre dans le pays et une des maisons les plus importantes de leur Ordre. Mais, en 1762, ils ne purent échapper à un autre décret qui les expulsait de France pour la seconde fois. Cependant leur départ ne fit point tomber notre Collége. L'Hôtel-de-Ville en prit immédiatement l'administration et nomma des prêtres séculiers pour y remplacer les Jésuites comme professeurs. Le premier Principal fut l'abbé François-Nicolas Darmon.

Bureau d'administration du Collége fondé.

L'année suivante, 1763, des Lettres patentes du Roi en forme d'édit, données à Versailles au mois de février « et scellées du grand sceau de cire » verte, pendant en lacs de soye rouge et verte (1), » établissaient pour notre Collége *un Bureau d'administration* qui devait se composer de l'Evêque,

(1) *Registre des délibérations concernant l'administration du Collége.*

président de droit, du lieutenant-général du Roi aux baillage et siége présidial de Verdun, du Procureur du Roi aux mêmes siéges, de deux officiers municipaux, de deux notables de la ville et du principal du Collége.

Ses prérogatives.

Les pouvoirs et prérogatives de ce Bureau étaient très-étendus. Il veillait à la discipline intérieure de l'établissement et à la conduite des écoliers au dehors; il fixait les heures et la durée de l'enseignement, les congés, les vacances : il déterminait les fonctions et le traitement du principal et des professeurs ou régents, les nommait à toutes les chaires et au besoin pouvait les destituer; enfin il gérait les biens du Collége, affermait ses terres, louait ses maisons, percevait ses revenus et pourvoyait à toutes les dépenses. Mais, ce qui vous étonnera peut-être davantage, Messieurs, c'est que les membres du dit Bureau nommaient aussi le Curé d'un village proche de Longwy (1) et l'ermite d'un ermitage au Mont-St-Martin, dans le même pays.

—

Confirmation du Collége par Louis XV.

Jusqu'alors le Collége de Verdun avait vécu d'une vie indépendante, sans être rattaché à aucune Université de France. Le 10e jour du mois d'avril 1766, le Roi, vu le compte qui lui avait été rendu du Collége de Verdun, et le mémoire qui lui avait été adressé à ce sujet par le parlement de Metz, ayant reconnu que cet établissement méritait, à cause de son importance, de

(1) Le 17 mars 1771, le Bureau d'administration du Collége nommait M. Chevillard, prêtre du diocèse de Trèves, à la cure de Hautcourt, près Longwy.

sa richesse et de l'utilité dont il était pour l'éducation de la jeunesse de la dite ville et des environs, « qu'il le confirmât du sceau de son authorité » l'agrégeait à l'université de Paris, par Lettres patentes données à Versailles, dont l'article premier était : « Le Collége de notre ville de » Verdun sera et demeurera conservé, confirmant » en tant que de besoin l'ancien établissement » du dit Collége. »

Dès lors notre Collége prit le titre de *Collége royal*, et l'on peut lire encore aujourd'hui, au-dessus de la porte des externes dans la rue Chaussée, ce titre glorieux : COLLEGIUM REGIUM, à demi effacé par la main du temps et par celle des hommes.

Cours publics établis à Verdun en 1768.

Certes, Messieurs, notre Collége méritait les éloges du Roi. On applaudit aujourd'hui aux *Cours publics* qui s'ouvrent sur tous les points de la France; le gouvernement les encourage, les municipalités les patronnent. Ce qui est peut-être une nouveauté pour le reste de la France, ne l'est pas pour Verdun. Il y a 99 ans, des *Cours publics*, pareils à ceux qui nous réunissent cet hiver, existaient dans notre ville, et c'étaient, comme maintenant, les professeurs qui se chargeaient de les faire. Ces cours étaient au nombre de cinq par semaine, deux de physique expérimentale et trois de mathématiques. « Et seront » les dittes Leçons annoncées par des affiches » imprimées et sera posé un fourneau dans la » salle où se donneront les dittes Leçons, et le » bois fourni de même que la lumière aux frais » du Collége » ajoute la délibération du Bureau qui les établit. Je ne saurais assurer, Mesdames et Messieurs, que l'auditoire d'alors fut aussi nombreux, aussi distingué, aussi bienveillant que celui de ce jour.

Le Collége jusqu'en 1802.

En 1793, les prêtres dévoués qui se consacraient depuis trente ans à l'enseignement et à l'éducation de la jeunesse, dans notre Collége, dûrent à leur tour l'abandonner. Le Collége demeura fermé pendant les deux formidables années de la Terreur, et tous ses biens furent vendus au profit de la Nation. Rouvert en 1795, il devint Ecole centrale pour le département de la Meuse. Mais les patriotiques efforts de la municipalité de 1802 ne parvinrent point à le faire ériger en Lycée. Je m'arrête là dans l'histoire de notre Collége.

J'ai dit, Messieurs, que les biens du Collége de Verdun avaient été vendus dès les premiers jours de la grande Révolution. Ces biens, qui étaient très-considérables, provenaient, comme nous le savons déjà, de l'hôpital St-Nicolas-de-Gravière, de la dotation de Nicolas Psaulme et de diverses donations ou adjonctions. Nous en trouvons l'inventaire dressé en 1766.

Biens du Collége.

Le domaine le plus important de notre Collége était le Prieuré du Mont St-Martin, gros village sur la route de Longwy à la Belgique. Ce Prieuré, avec tous les biens qui en dépendaient, rapportait près de six mille francs de rentes. Il avait autrefois appartenu au monastère de St-Vannes, mais il en avait été distrait en 1600 par bulles du pape Clément VIII, pour être uni au Collége de Verdun.

Cette bulle existait dans les archives du Collége au siècle dernier, avec celle d'Union de l'office de Chambrier.

L'office de *Chambrier*, c'est-à-dire de régisseur des biens du Chapître de la Cathédrale, office auquel était attaché le droit de lever les dîmes sur un certain nombre de villages, avait été aussi donné au Collége en 1601, par bulle du même pape Clément VIII. Les dîmes et droits de *Chambrerie* aux villages de Rouvroy-sur-Meuse, de Woël, d'Avillers, Bassaucourt, Hannonville-sous-les-Côtes, Thillot, Herbeuville, rendaient par année douze à treize cents francs.

Outre cela, le Collége avait des propriétés dans le Luxembourg, des fermes à Thierville, à Charny, à Champneuville, à Samogneux, à Rignéville, à Brabant-sur-Meuse, à Rampont, à Jubécourt, à Mangiennes; il possédait le bois et la ferme *des Roises*, la belle propriété du Coulmiers avec des dépendances considérables, neuf maisons dans la ville de Verdun, cinq maisons avec jardins au faubourg Pavé, de nombreux terrains sur le finage de Verdun, enfin huit jours de vignes à la côte St-Michel, à Charny et à Rignéville.

Tous ces biens et d'autres que je ne cite pas donnaient un revenu annuel de plus de vingt mille francs, ce qui en vaudrait aujourd'hui plus de quarante. Au mois d'août 1782, l'économe du Collége avait en caisse, toutes dépenses soldées, une somme de trente mille deux cent soixante francs.

Le Collége était riche, vous le voyez, Messieurs, et cette richesse servait au développement de l'instruction dans notre ville. La vente de ces biens, qui se fit, disons-le bien haut, malgré les énergiques protestations de la Municipalité d'alors, fut un vol manifeste fait à la ville de Verdun et à ses habitants. Si le Collége les possédait encore, la ville n'aurait aucune dépense à faire pour cet établissement, et tous les habitants jouiraient de l'instruction gratuite.

Bâtiments et Eglise du Collége.

Les bâtiments actuels du Collége sont en grande partie ceux que Nicolas Psaulme a fait restaurer ou construire pour les Jésuites, amoindris pourtant d'une partie considérable sur la rue Chaussée qui nous appartenait (1). L'ancienne église du Collége, qui était celle de St-Nicolas-de-Gravière, se trouvait près de la porte Chaussée; sa nef était parallèle aux remparts, le portail et le clocher donnaient sur la rue. On voit encore, dans les remises et ateliers qui occupent le terrain, quatre à cinq vieux piliers portant le caractère des premières constructions ogivales avec leurs sévères chapitaux à feuilles de violette et de chardon. Leurs bases sont enfouies dans des caves, et sur l'une de ces bases est gravé le millésime 1231 en chiffres ordinaires ou arabes. Ce millésime est curieux non-seulement parcequ'il indique l'époque probable de la construction de l'Eglise, mais encore parcequ'il est l'un des premiers exemples de l'emploi des chiffres arabes dans les inscriptions monumentales. Notre Eglise actuelle du Collége, si

(1) L'hôtel actuel de la Bannière, qui portait déjà ce nom avant la Révolution, un hôtel voisin, à l'Ecu de France, et quelques maisons de ce côté appartenaient au Collége.

belle, si une, si pure dans son style XVIIIe siècle, a été construite par les Jésuites en 1731. Le portail surtout en est remarquable par l'harmonie de ses lignes, sa grandeur, et le bon goût de son ornementation. C'est un beau et riche souvenir que les Jésuites ont laissé à la ville de Verdun.

J'ai dit ce que fut le Collége de Verdun. Messieurs, il doit rester dans l'avenir à la hauteur de ce passé qui certes n'est pas sans honneur; il doit grandir chaque jour « en bonne vie et bonnes lettres; » il doit enfin offrir aux familles l'assurance que les jeunes gens qui viendront y étudier « y seront avec doulceur et amitié, maintenus en tous devoirs envers Dieu et leurs parents. »

Noble but, Messieurs, que tous nous serions heureux d'atteindre, les uns en donnant de bonnes leçons et de bons exemples, les autres en accordant au Collége les encouragements d'une protection éclairée.

La Charte de fondation du Collége, donnée par Nicolas Psaulme, est, avons-nous dit, conservée avec soin dans les archives de la ville.

Outre ce fragile monument de papier, nous en possédons d'autres en marbre datant aussi de la même époque, qui rappellent le souvenir de la belle et bonne œuvre de notre Evêque.

Inscriptions commémoratives de la fondation

Dans un coin du Collége j'ai retrouvé, sur des indications qui m'avaient été données, l'inscription suivante gravée sur un marbre noir : *Psalmeus Eps. vigilantissimus, officii sui memor, et piæ*

du Collége par Nicolas Psaulme

posteritati consulens, postquam Societatem Patrum Jesuitarum in civitatem appellasset, has ædes ædificavit eo anno quo mortuus est, Societatique in perpetuum dedit. Je traduis, Mesdames : « Psaulme, évêque très-vigilant, se souvenant des » devoirs de sa charge, et désirant préparer une » postérité chrétienne, après avoir appelé dans » cette Cité la Société des Pères Jésuites, fit cons- » truire ces édifices l'année même de sa mort, et » les donna à la dite Société. »

J'espère voir bientôt ce marbre commémoratif, replacé sur l'une des murailles du Collége, afin de rappeler à tous le nom de son illustre fondateur.

Il y a dix-sept ans à peine, une autre inscription latine indiquant l'ancienne destination des bâtiments du Collége et leur destination actuelle se trouvait aussi gravée sur la façade du côté de la rue St-Paul. Nous ne savons ce qu'elle est devenue. — Sans doute elle aura été brisée par le marteau d'un maçon lorsque cette façade a été reconstruite en 1850 !

Voici quelle était cette inscription : Je la donne en français.

« Nicolas Psaulme Evêque et comte de Verdun, » prince du saint Empire Romain, persuadé qu'il » faut apporter autant de soins pour préserver » les âmes de la damnable contagion du vice et » de l'hérésie, que pour sauver les corps de la » maladie et de la pauvreté, après avoir fait ré- » parer l'hôpital de Ste-Catherine, et y avoir fait » transporter les malades qui étaient ici soignés, » réédifia, à la place d'un édifice vieux et tom-

» bant presqu'en ruines, cette nouvelle demeure » qui deviendra désormais un asile où seront » guéris non plus les corps comme auparavant, » mais les esprits, puis y ajouta quelques maisons » voisines qui l'agrandirent considérablement, et » mit le comble à ses dons en lui accordant le » secours convenable d'un revenu annuel. L'an » du Seigneur 1572 (1). »

Enfin, pour terminer cette digression sur le Collége, un peu longue sans doute, mais parfaitement dans mon sujet, je vous apprendrai, Messieurs, quelque chose qui pour notre temps est d'un intérêt assez piquant. Le Collége de Verdun avait des Armoiries ! oui certes des Armoiries !

Nous portions *d'azur à la fleur de lys d'or, accostée à sénestre d'une branche de laurier et à dextre d'une palme surmontée d'une couronne royalle* (2).

(1) Texte latin de cette inscription : *Nicolaus Psalmeus Episcopus et comes Virdunensis, Sacri Romani Imperii princeps, ratus non minùs animis à teterrimâ hæreseos vitiorumque contagione quàm corporibus ab ægritudine ac penuriâ cavendum, reparato priùs divæ Katharinæ xenodochio, ac in eo translatis qui hic curabantur ægris, pro vetusto ac penè collapso domicilio, novum hoc, non jàm corporum, ut priùs, sed animorum futurum valetudinarium, adjunctis aliquot è vicinis prædiis, multò ampliùs quàm anteà exædificatum, insuper idoneis annui census præsidiis cumulavit, anno Domini* 1572.

(2) Ces armes sont décrites dans une délibération du Bureau d'administration en 1767, délibération signée du lieutenant-général du Roi. Voyez en tête de cet ouvrage les *armes du Collége.*

CINQUIÈME CONFÉRENCE.

NOUVELLE ORGANISATION MUNICIPALE DONNÉE A LA VILLE DE VERDUN PAR NICOLAS PSAULME. — SES DERNIERS MOMENTS. SA MORT.

DE 1570 A 1575.

Vraiment, MESDAMES et MESSIEURS, c'était une étrange vie que celle de ces Princes-Evêques du temps passé! Vous les voyez, un jour, remplissant les devoirs de leur ministère sacré, et le lendemain disputant une prérogative aux bourgeois de leur ville, un lambeau de terre à quelque seigneur du voisinage; un jour à l'autel, et le lendemain dans un tribunal, parfois même sur un champ de bataille; un jour enfin fondant une université, un couvent, et le lendemain faisant un règlement de police.

Nicolas Psaulme va continuer à nous donner le spectacle de ces contrastes.

Inutiles essais de paix avec le duc de Bouillon.

D'abord, il songea à s'aboucher et à faire sa paix avec son redoutable voisin Henry-Robert de la Marck. On prit jour à Marville, puis à Dun; les députés de l'Evêque et du Duc s'y rencontrèrent, mais ne conclurent rien. L'Evêque soutenait à bon droit que son adversaire ne possédait qu'un huitième des droits seigneuriaux sur la prévôté de Mangiennes ; le Duc au contraire se prétendait maître et souverain pour le tout en la dite prévôté. Il écrivait à Nicolas Psaulme : «... Et » vous supplie de croire que j'ay plus envie de » prendre d'aultre bien que de perdre le mien ! » J'espère que quand Dieu vous aura donné ung » successeur, nous demeurerons bons amys et » voisins, qu'il aura la volonté meilleure que n'avès » eu jusqu'icy. Me recommandant sur ce à vostre » bonne grâce, je prie Dieu, Monsieur, qu'il vous » donne en santé ce que plus vous désirés. Vostre » voisin et amy selon Dieu. Robert de la Marck. — » De Sedan ce 10me jour de décembre 1572. »

Vers cette époque un incident faillit brouiller notre Evêque avec la cour de France.

L'évêque de Valence arrêté à Verdun.

Jean de Montluc, évêque de Valence, frère du fameux capitaine Blaise de Montluc, se rendant vers les Polonais pour négocier l'élection du duc d'Anjou, frère de Charles IX, au trône de Pologne, vint faire sa couchée à Verdun. Il passait pour favoriser les nouvelles idées religieuses. Macéré, secrétaire de Nicolas Psaulme, poussant le zèle un peu loin, fit enlever l'évêque de Valence de son logis et le voulut retenir prisonnier. Montluc jeta les hauts cris, Nicolas Psaulme désavoua cet acte de violence et l'imprudent secrétaire, qui avait agi de son chef, fut lui-même, sur un ordre de France, mis dans la prison de l'Evêché, où il demeura près d'une année.

A propos de ce secrétaire, disons en passant que l'un de ses prédécesseurs, nommé Jacques Rolland, avait reçu de Nicolas Psaulme des lettres de noblesse en 1559. Nous pouvons juger par là de ce qu'était encore à la fin du XVIe siècle le pouvoir épiscopal dans notre ville, puisque l'Evêque de Verdun jouissait du droit d'annoblir un sujet, droit si considérable alors, à cause de ses conséquences, qu'il n'appartenait qu'aux princes souverains (1).

Enfin, à l'année 1572, nous pouvons rapporter la cessation d'un état de choses fort dommageable aux intérêts temporels de notre Evêque.

Le Cardinal de Lorraine fait abandon des revenus de l'Evêché de Verdun.

On se souvient que le jour où Jean de Lorraine se démit de l'évêché de Verdun en faveur de Nicolas Psaulme, il se réserva le droit de percevoir la majeure partie des revenus du dit évêché, droit qu'il transmit bientôt à son neveu, Charles de Guise, depuis Cardinal de Lorraine. Ce ne fut qu'après vingt-deux ans que ce Cardinal, qui du reste avait 300 mille écus de rentes en *bénéfices*, c'est-à-dire provenant de ses évêchés et de ses abbayes, songea à réparer cette espèce d'injustice envers l'évêque de Verdun et lui rendit l'entière jouissance des *fruits de son temporel.*

Nicolas Psaulme abbé *Commendataire* de St-Vannes.

Il fit plus, il se démit en faveur de Nicolas Psaulme de la dignité fort lucrative d'abbé de St-Vannes. On pouvait, sans être religieux de l'Ordre, ni résidant, porter le titre d'abbé d'un monastère, et jouir de tous les droits et revenus attachés à ce titre, avec la seule obligation de

(1) Dom Pelletier. *Nobiliaire de Lorraine.*

pourvoir aux besoins ou dépenses du couvent. C'est ce que l'on appelait alors posséder une abbaye en *commende* ou en être Abbé *commendataire*.

Les Religieux de St-Vannes protestèrent contre ces arrangements dont leur riche abbaye était l'objet entre le Cardinal et l'Évêque, mais leurs protestations furent inutiles. Le Cardinal qui se trouvait alors à Rome obtint sans difficulté du pape Grégoire XIII les bulles d'union de St-Vannes à la *mense épiscopale* (1572), et depuis lors les Evêques de Verdun en furent abbés commendataires.

Plus tard, l'abbaye de St-Vannes essaya bien encore de se soustraire à l'obéissance de Nicolas Psaulme lorsque la mort l'eût privé de la protection de son puissant ami ; un des religieux fut élu pour abbé, mais l'élection fut annulée en cour de Rome. Seulement le souvenir de ces démêlés ne s'oublia point de sitôt sous le cloître, car les Religieux de St-Vannes, qui ont eu occasion de parler dans leurs écrits de notre Evêque, lui sont en général peu favorables.

Dom Didier de la Cour.

Cependant c'est peut-être à Nicolas Psaulme que les Bénédictins de St-Vannes doivent leur gloire la plus pure. Il y avait vingt-deux ans qu'à Montzéville était né Didier de la Cour. Quoiqu'issu d'une noble famille, ce jeune homme, dont l'intelligence était peu commune et les vertus remarquables, sollicitait en vain d'entrer comme novice à St-Vannes : notre Evêque donna au Prieur du monastère le commandement formel de le recevoir. Dom Didier de la Cour devint dans la suite le Réformateur de son couvent et bientôt de l'Ordre tout entier des Bénédictins. Cette réforme est célèbre dans les annales bénédictines ; tous les couvents qui l'embrassèrent prirent le nom de *Congrégation de St-Vannes* (1).

Je vous disais tout-à-l'heure, Messieurs, que le Cardinal de Lorraine se trouvait à Rome à l'époque dont nous parlons.

Lettre du Cardinal de Lorraine à Nicolas Psaulme au sujet de la St-Barthélemy.

De Rome, il écrivait, en effet, le 16 septembre 1572, à Nicolas Psaulme, une lettre que je n'aime pas, au sujet de l'inutile et odieux massacre de la St-Barthélemy (24 août 1572). Il y dit que cette nouvelle de France a réjoui chacun par deçà les monts, que le Pape en a montré sa satisfaction par des cérémonies religieuses et actions de grâces à Dieu, qu'on bénit à Rome « Nostre Seigneur qui » avait inspiré le cœur de nostre Roy à si heureuse » et saincte entreprise, de laquelle nous ne pou- » vons espérer désormais que le bien, paix et » repos de la France, avec accroissement de l'hon- » neur de Dieu et de l'Eglise catholique et romaine » qui a bien bonne occasion de s'en resjouir. Mon » amy, ajoute-t-il, *hœc est dextera Excelsi.* Il » ne faut jamais désespérer comme vous faites » au moins à ceste heure (2). »

Sixte V, Messieurs, qui gouvernait alors l'Eglise,

(1) Dom Didier de la Cour mourut en 1623. Son corps fut inhumé dans l'Eglise de St-Vannes. En 1811, lorsque cette belle Eglise abandonnée ne fut plus un asile digne de ces restes vénérables, ils furent transportés dans la chapelle du château de Monthairons avec son tombeau. Le château de Monthairons appartient à M. de la Cour, un des petits neveux de l'illustre Réformateur.

(2) *Histoire des Ducs de Guise* par René de Bouillé.—Tome II. Page 522.

ignorait le véritable caractère des massacres de la St-Barthélemy. On lui affirmait que les Protestants de France s'étaient révoltés à main armée et que leur révolte avait dû être écrasée par de sanglantes représailles. Mais Charles de Guise, lui, savait tout! Il est triste, je l'avoue, Messieurs, il est triste pour l'honneur de l'humanité de voir ainsi la passion religieuse trop ardente, mêlée aux passions politiques plus ardentes encore, faire perdre à des hommes tels que le célèbre Cardinal les notions les plus élémentaires de l'éternelle morale!

L'année 1573 n'est marquée par aucun évènement important dans la vie de Nicolas Psaulme. Il semble s'être donné tout entier au bien spirituel de son diocèse et à l'administration de la Cité.

Zèle de Nicolas Psaulme pour le bien de la Religion.

Dans son diocèse, son zèle pastoral le porte à mettre tout en œuvre pour instruire ses ouailles, les garder des erreurs protestantes et les maintenir dans la foi catholique. Infatigable champion de l'Eglise, quand il n'agit pas pour elle, il parle ou il écrit. Ce fut alors qu'il composa un ouvrage intitulé : *Portrait de l'Eglise.* Le Cardinal de Lorraine, à qui il l'avait dédié, l'en remerciait et le félicitait par la lettre suivante : « Monsieur de » Verdun, j'ay reçu vostre *Portrait de l'Eglise* » qui m'a été merveilleusement agréable et à plu- » sieurs aultres personnages de ceste Cour aux- » quels je l'ay communiqué... De St-Germain-en- » Laye, ce 14 janvier 1574. Votre meilleur frère » et amy. C., cardinal de Lorraine. »

Son *Portrait de l'Eglise.*

Son administration dans la Cité.

Dans la Cité, il lutte encore bien quelquefois contre les souvenirs d'un passé cher à la haute bourgeoisie et aux familles lignagères, mais chaque jour ces souvenirs s'en vont faiblissant sous l'influence de l'administration épiscopale, ordinairement paternelle, au besoin énergique, toujours juste et cherchant le bien général.

Nicolas Psaulme avait 55 ans. Ce n'était pas une vieillesse, mais les vingt-cinq années qui venaient de s'écouler lui avaient apporté tant de préoccupations, de soucis et de fatigues, que sa santé et ses forces en étaient presqu'épuisées. Cependant ce long et laborieux épiscopat n'avait diminué en rien, ni l'activité de son esprit, ni la fermeté de son caractère. Il souffrait, mais il demeurait debout comme tous les hommes chez qui l'âme commande au corps.

Aussi ce ne fut point sous l'inspiration de la faiblesse ou de la crainte qu'il fit alors certaines concessions aux anciennes familles verdunoises. Il était assez sûr de son autorité pour ne pas redouter d'en abandonner une part à ceux sur lesquels il l'avait autrefois reprise. C'est pourquoi il résolut de modifier en leur faveur le fameux *Règlement de justice et de police*, imposé en 1552 aux habitants de Verdun par le cardinal Charles de Lorraine.

Il vous sera peut-être agréable, Messieurs, de connaître le nouveau mode de gouvernement établi par N. Psaulme en notre ville. C'est le dernier acte politique de cet homme que je ne crains pas d'appeler illustre; c'est la dernière constitution donnée à la ville de Verdun par ses Comtes-Evêques.

Je vois combien ces choses du passé vous intéressent, voilà pourquoi je me plais à entrer dans des détails qui nous montrent un coin de la vie de nos pères et nous font pénétrer au milieu de cette société d'il y a trois siècles, si différente de la nôtre.

« NICOLAS PSAULME, par la grâce de Dieu et du » Sainct-Siége apostolique, Evesque et Comte de » Verdun, Prince du Sainct-Empire, à tous pré- » sens et à venir, Salut.

Constitution de 1574, donnée à la Cité par Nicolas Psaulme

» Comme peu après nostre advénement au dict » Evesché et Comté, connaissant les grands biens » provenans à toutte Républicque, par les effects » d'une bonne police et administration de justice, » Avions ordonné, dressé et establi certain » nombre de personnes au régime et gouverne- » ment de nostre Cité du dict Verdun, tant en ce » qui concerne la police que la justice, la pluspart » desquelles sont décédées, au lieu desquelles serait » besoin y pourvoir d'aultres et par mesmes dres- » ser un bon ordre et règlement, sçavoir faisons » que Nous, par l'advis des gens de nostre Conseil, » avons, pour Nous et nos successeurs Evesques » et Comtes de Verdun, de nouvel faict et » authorisé, faisons et authorisons irrévocable- » ment, l'ordre, règlement et ordonnance qui en » suivent. »

Le 1er article de ce Règlement veut qu'il soit nommé et établi, pour l'administration de la Cité, *Quinze personnes* qui seront appelées les *Gouver-*

Formation du Conseil.

neurs, le *Magistrat* ou le *Conseil*. Parmi ces Quinze il y aura un *Doyen*, un *Maître-Echevin* et quatre autres *Echevins*, qui, tout en étant du *Conseil*, seront dits *Gens du Siége*. « Lesquels » Doyen et Eschevins vivront noblement, sans » méchaniser ni porter estat de marchans, et se » prendront des *Anciennes familles* de la dicte » Cité, s'il s'en trouve de capables, sinon d'aultres » qu'il nous plaira. »

Doyen et Echevins.

Les Lignages recouvrent une partie de leurs anciens privilèges.

Il vous souvient peut-être, Messieurs, que le Cardinal de Lorraine avait autrefois enlevé aux Lignages la possession exclusive des emplois de la Cité, et avait donné au peuple le droit d'élire par ses représentants ses chefs civils et judiciaires, sauf à les faire agréer par l'Evêque. Nicolas Psaulme, en prenant les dignitaires du nouveau Conseil parmi les Lignagers, en leur accordant les charges de Doyen et d'Echevins presque comme un patrimoine de famille, modifiait en leur faveur l'ancien état de choses et leur rendait une partie des priviléges perdus.

Conseillers nobles et non nobles.

Les dignitaires dont nous venons de parler forment déjà six membres du Conseil sur quinze ; pous achever le nombre de quinze, il y aura neuf autres Conseillers, dont six seront encore des anciennes familles, aptes à devenir eux-mêmes dignitaires, « qui seront dicts conseilliers de » robbe longue. » Les trois autres seront choisis parmi « les marchans en la dicte Cité et nommez » par nous... et seront dicts de robbe courte. »

Les Conseillers nobles seront nommés à vie par l'Evêque et jouiront des exemptions, franchises et et honneurs accoutumés. Les trois Conseillers marchands, aussi nommés par lui, ne demeureront en fonctions que jusqu'à son bon plaisir. Cependant ils jouiront des mêmes priviléges que les autres, auront au Conseil voix délibérative et décisive et pourront remplir toutes les charges de la Cité, s'ils sont trouvés capables et *idoines*, excepté celles de Doyen et d'Echevins, réservées aux Lignagers.

Les Négociateurs.

Chaque année, au jour de la St-Valentin (14 février), le Conseil élira parmi ses quinze membres trois *Négociateurs*, « qui seront ceulx qu'on trou-» vera les plus propres et capables pour la dicte » charge, sans acception de personnes... et ayant » iceulx du Conseil seullement l'œil de pourvoir » par leur choix aux affaires de la Cité et non au » proffit des personnes. » Cependant, au besoin ces Négociateurs pourront demeurer en fonctions deux ou trois années. Ils auront « le maniement » des affaires de la dicte Cité, tant à l'égard du » gouvernement des biens et fermes appartenans » à icelle, des bastimens et réparations nécessaires » par chascun an pour la dicte Cité, étoffe et » matériaulx pour iceulx, que de la distribucion » et gouvernement des deniers de la dicte Cité. » Les droits et les devoirs des négociateurs sont indiqués dans la suite de la Charte avec un minutieux détail.

Le Contrôleur.

« Sera aussi des dis Quinze choisy un *Control-» leur*, lequel sera estably par Nous et en aura » lettres, aux gaiges cy après déclarés jusques à » nostre bon plaisir. » Les devoirs et les charges de cet officier sont ensuite longuement énumérés.

« Il advisera diligemment que les affaires de la » Cité soient faites avec la fidélité, diligence et » dextérité requises ; » il veillera sur l'emploi des sommes votées pour les constructions et entretien des bâtiments de la Cité, sur l'achat des matériaux, il fera rentrer les fonds, il inscrira, mandatera toutes les dépenses autorisées par le Conseil ou les Négociateurs. Tout est prévu, jusqu'à la forme du registre sur lequel il devra inscrire les recettes et dépenses de la Cité.

Le Syndic.

» Il y aura ung des Quinze susdicts qui sera » *Substitut* de nostre Procureur général, lequel » sera nommé *Syndicque* ou Procureur de la » ville, aux charges accoustumées et gaiges cy » après déclarés. De quoy il aura lettres de Nous, » estably en ceste charge.

Le Secrétaire du Conseil, le Sous-Doyen et le Petit Doyen.

Le Conseil désignera lui-même son *Secrétaire* et le présentera à l'Evêque qui l'agréera si bon lui semble. Mais, en l'absence de l'Evêque, le Contrôleur, le Syndic et le Secrétaire seront à la nomination du Conseil. « Le Doyen aura ung » lieutenant ou *Soubs-Doyen* qui nous sera pré- » senté par le dict Doyen, pour par nous estre » reçu s'il se trouve capable, et comme de » mesme sera faict du *Petit Doyen* ou Greffier » du Siége, l'institution duquel appartiendra au » dict Doyen.

Menus Officiers.

» Les susdicts du Conseil auront la nomination » et institution des personnes propres pour les » offices de vergiers (1), geôliers, concierge de

(1) Les vergiers étaient ce qu'on pourrait appeler aujourd'hui des Bedeaux précédant par honneur les Dignitaires de la Cité dans les cérémonies officielles.

» la Maison de Ville, tusteurs (1), barriers (2), » varlets de négoce, varlets de guerre (3), mes- » sagers à pied et à cheval et aultres menus » offices pour le service de la dicte Cité; desquels » ils prendront le serment et leur assigneront les » gaiges qu'ils verront èstre raisonnables selon les » charges de leurs offices, lesquels ils exerceront » plus diligemment et exactement que du passé. »

Le Receveur général.

« Il y aura aussy un *Recepveur général* des » rentes et revenus de la Cité qui sera choisy » par le dict Conseil et estably par Nous aux » gaiges cy après déclarés. Lequel Recepveur fera » recepte des rentes susdictes et en rendra compte, » par chascun an, par devant Nous et nostre » Conseil, lesdicts du Conseil presents. »

Serment au Conseil.

« Tous lesquels susdicts Controlleur, syndicque, » Secretaire, Soubs-Doyen, Greffier de la justice » et du siège, Recepveur général, et les dicts » Sergens, presteront aussi le serment de fidélité » et obéissance ez mains des dicts du Conseil, » pour l'exercice de leurs estat et charge, après » qu'ils seront prommus et institués de Nous, » afin que sur les commandements qui leur seront » faicts et donnés par les dicts du Conseil pour » les affaires de leur charge et service de la dicte » Cité, ils ne prennent occasion de refus ou » mespris. »

« Les Ordonnances qui se publieront par les

(1) C'étaient les huissiers ou Commissaires-priseurs.

(2) Ceux qui ouvraient et fermaient les portes et barrières de la ville.

(3) Le varlet de guerre était chargé de visiter les murailles de la ville, les ponts, les passages, les corps-de-garde...

Publication des Ordonnances en Ville.

» Carefours de la dicte Cité, pour les affaires de » la police et réglement d'icelle, seront faictes et » publiées de par Nous et les dicts du Gouver- » nement et Conseil par ensemble; il n'en sera « pas de même pour les petites affaires qui ne » sont d'importance et l'ordonnance desquelles ne » mérite d'estre mise par escript, et en cas de » Souveraineté par Nous seul. »

Après avoir désigné de la sorte les divers fonctionnaires aux mains desquels est remis le gouvernement de la Cité, Nicolas Psaulme organise la Justice.

Organisation de la Justice temporelle.

« Nous nous réservons, comme aussy nous » appartient, la création de la Justice temporelle » par chacun an en la dicte Cité, et la nomi- » nacion et institution des Commis à l'exercice » d'icelle par chacun an, sans que les dicts du » Conseil y ayent à voir ou congnaistre, et ainsi » sera procédé comme s'est faict depuis vingt ans » sans y rien innover. »

« Pour establir gens à l'exercice de la dicte » Justice, Nous sera loisible de prendre dans les » susdicts Quinze du dict Conseil tel nombre » qu'il nous plaira, ou bien tel nombre des » habitants de la ville que Nous vouldrons, soit » de l'estat de noblesse (gens de robbe longue) » ou de la bourgeoisie, lesquels seront tenus » exercer fidèlement la dicte Justice durant l'an » qu'ils y seront nommés, et, au bout du dict » an, le dernier ou pénultième jour, nous vien- » dront rendre et remettre en nos mains la dicte

Choix des Juges.

» Justice, pour le lendemain estre procédé par » Nous à nouvelle création et nomination d'aul- » tres au dict exercice, ou bien les continuer s'il » y échet. Lesquels de la Justice et du Siège » susdict seront toujours réformables par appel » par Nous en nostre Conseil et Salle épiscopale, » comme est accoustumé en tous cas civils et » criminels. »

Les cas criminels en effet étaient toujours jugés par les tribunaux ordinaires, ou, en dernier ressort, par l'Evêque en son Conseil; les cas civils qui dépassaient cinq cents florins d'or du Rhin, pouvaient être portés par appel à la chambre impériale de Spire.

« Lesdicts nommés au dict exercice de la dicte » Justice n'auront entrée au Conseil de la dicte » Cité si doncques ils ne sont ou aulcuns d'iceulx » du nombre des Quinze susdicts, ou s'ils ne sont » appelés pour quelques affaires. Toutesfois, du- » rant l'an qu'ils seront de l'exercice de la dicte » Justice, ils joyront des mêmes exemptions que » ceux du susdict Conseil. »

« Il y aura en la dicte Justice un *Greffier* qui » sera institué de par Nous et aura le serment » à Nous, de quoy il aura lettres en forme. » Ce Greffier devra tenir un registre exact des amendes imposées par le tribunal, registre qui servira à contrôler les comptes des autres officiers chargés de recueillir les amendes, confiscations et autres droits Seigneuriaux appartenant à l'Evêque.

Greffier de la Justice.

« Les trois Sergens de la dicte Cité seront » nommés et institués de Nous pour l'exercice

Sergents de la Cité.

» de leurs offices, aux charges et proffits accoustumés. » Ces sergents ou huissiers étaient sans doute en même temps et des officiers de Justice et des employés de la ville.

Après avoir établi de la sorte le Gouvernement civil et judiciaire de la Cité, Nicolas Psaulme porte diverses ordonnances relatives à l'administration intérieure et à la police.

Défense de l'ivrognerie et du blasphême dans la Cité.

Il demande d'abord au Conseil de faire publier chaque année et rafraîchir chaque trois mois « une » estroicte ordonnance pour la deffense du blas- » phème en la Cité... Et daultant que, pour la » pluspart, les dits blasphêmes sont causés et » proviennent de l'ivrongnerie, sera par la mesme » ordonnance défendu le hantement des tavernes » et cabarets et l'ivrongnerie aussy. »

De grosses amendes pécuniaires et, en cas de récidive, des peines et punitions corporelles, seront infligées aux contrevenants, tant à ceux qui seront trouvés en délit, qu'aux taverniers, cabaretiers et autres « en les maisons desquels » seront commises telles ivrongneries et blasphêmes » et excès. Ce qui sera exécuté par les Commis » à l'exercice de la Justice, et seront les délin- » quans poursuivis par devant iceulx, par le Pro- » cureur-Syndicque de la dicte Cité, diligemment » et sans connivance, afin de réprimer le trop » accoustumé usaige et excès des dits blasphêmes » et refresner la trop grande insolence de plusieurs » adonnés au vin et à l'ivrongnerie. »

Le faict des vivres en la Cité attire aussi l'attention de notre Evêque, et il engage le Conseil à avoir soigneusement l'œil « afin de mettre bonne » police et ordre là-dessus. »

Réglement de notre Evêque sur les Vivres.

« Le commun peuple, dit-il, ne peut faire des » provisions pour son vivre qu'au jour la vie et » selon le gaing qu'il peult faire par son labeur » et travail ordinaire. » Or, advenant le temps du labourage, les villageois n'ont loisir d'apporter grains pour vendre en la dite Cité; ou bien sur la fin de l'année ils n'en apportent que bien peu ou point. Alors « le dict pauvre menu peuple » est contraint d'acheter le grain aux marchands qui en ont fait à l'avance d'amples provisions, et qui profitent de sa rareté pour en fixer le prix aussi haut qu'ils le veulent, « comme l'on voit se » pratiquer journellement en la dicte Cité. »

» Et pour pourvoir à ce, serait bon visiter, » incontinent le mois de febvrier venu, les greniers » de la dicte Cité, signamment ceulx des mar- » chands et aultres qui font estat et profession » d'acheter et vendre les grains. » Cette visite faite et la quantité des grains amassés dans leurs greniers connue, l'Evêque veut qu'on en laisse aux marchands une provision raisonnable et qu'on les force à vendre le surplus en détail au prix fixé par le Conseil. « Par ce moyen le dict pauvre » peuple pourra vivre plus aisément et se ressentir » de la fertilité et belle abondance de biens qu'il » plaist au Bon Dieu nous donner, lequel peuple, » aultrement et sans tel ordre et police, en pour- » rait estre frustré. »

Réglement sur les Vins et autres Commerces.

Mesure analogue est prise contre les marchands de vins qui en font grand amas et provision « ne » craingnans pas de les acheter à hault prix pour » l'espoir qu'ils ont de les vendre cher à leur » appétit, sans ordre ni règle, comme s'est tou- » jours pratiqué en la dicte Cité, signamment ès » années dernières. » C'est pourquoi le Conseil fixera le prix auquel les vins seront vendus par les marchands en gros et même par les hôteliers taverniers et cabaretiers, « d'aultant que pour la » plus part ce sont eulx qui mestent le désordre » achetant les dits vins à quel prix ce soit.

» Sera bien nécessaire d'en user de mesme à » l'esgard des vendeurs de sel, des bouchers, cor- » donniers et aultres en semblables mestiers et » estats, par les mains desquels le menu peuple » fault qu'il passe ordinairement et ne s'en peult » passer, afin d'y donner l'ordre et règlement » requis et nécessaire pour la commodité et néces- » sité du peuple; et que les matières desquelles » iceluy menu peuple a journellement besoing, ne » soient enchéries au gré et volonté de ceulx qui » ont accoustumé les vendre soubs couleur de » transport et traffiques qu'ils en font hors la » Cité, au moyen de quoy icelle Cité en demeure » despourvue, ce qui cause la dicte chèreté, incom- » modité et dommaige aux habitants d'icelle, sans » omestre le règlement requis au mestier de bou- » langiers. En quoy le Doyen fera debvoir d'y » donner l'ordre requis et nécessaire. »

L'Economie politique de N. Psaulme.

Par ces diverses mesures à l'égard des substances alimentaires, vous pouvez juger, Messieurs, quelles étaient les idées de Nicolas Psaulme en matière de commerce et d'économie politique. Il établissait un *maximum* dans le prix des marchandises, *maximum* qui le plus souvent ne remédie à rien, on l'a vu en de terribles circonstances, mais qui à première vue parait être tout-à-fait dans l'intérêt des acheteurs. Du reste, en agissant ainsi, il cherchait le bien des classes ouvrières, *du pauvre menu peuple*, et faisait de la science économique telle qu'on la comprenait à son époque. Ce ne fut que deux cents ans après qu'on commença à dire : plus de tarifs qui fixent la valeur des denrées et des marchandises.

Mais revenons à notre charte.

Assistance des gens du Conseil aux processions.

Suit un détail que vous me permettrez de ne point passer sous silence. « Aussi sera bien dé-
» cent et requis qu'ez processions générales qui
» se feront ordinairement par chacun an en la
» dicte Cité, les dicts du Conseil et de la Justice
» assistent tous (saufs empeschements légitimes)
» et suivent la dicte procession immédiatement
» après Nous (si nous serons présent), ayant les
» dicts du Conseil leurs trois vergiers au devant
» d'eulx et marchans en ordre selon leur degré et
» qualité, et que peine soit imposée sur les dé-
» faillans, s'ils n'ont légitime excuse. »

Quelques menues réparations à faire au mobilier et au bâtiment de la *Maison de Montaulbin* (1)

(1) La *Maison Montaulbin* (Montauban) fut l'Hôtel-de-Ville de Verdun depuis 1388 jusqu'en 1738. En 1738 la ville acheta, au prix de 18 mille livres, l'Hôtel actuel des mains de Mme la marquise de Boudeville.

La Maison Montaulbin fut convertie en prison jusqu'en 1810 ; la rue où elle se trouvait prit de là le nom de Rue *de la Vieille-Prison*. Il ne reste de l'antique Hôtel-de-Ville qu'un pan de muraille caché

sont ensuite indiquées par l'Evêque qui s'occupait de tout; après quoi il ajoute :

« Nous voulons et entendons que nos serviteurs » et domestiques, faisant leur demeure et rési- » dence en la Cité, soient exempts des tailles et » aultres redebvances personnelles, les dicts jus- » qu'au nombre de dix et non plus... Comme » pareillement nous voulons et entendons que tous » les dicts Conseilliers soient exempts et immunes » de toutes tailles et redebvances personnelles; » mais en cas de négociation et trafique, payerront » les gabelles. »

Nomination et *gages* des officiers municipaux.

Toutes ces mesures prises et clairement énoncées, Nicolas Psaulme nomme ceux qu'il entend être présentement du nombre des Quinze pour le Gouvernement et Conseil de la Cité. Parmi des noms oubliés, je trouve ceux de François Watronville, de Claude Senocque et de Gérard de Watronville, tous trois citains de Verdun. Les *Gaiges* ou appointements de chacun des membres du Conseil sont fixés. Le plus fort gage, celui de Maître-Echevin, n'est que de soixante francs barrois par an. Le franc barrois valait à peu près quatre francs de notre monnaie actuelle.

Leur Serment à l'Evêque.

« Tous les magistrats, gouverneurs et officiers » susdicts, presteront le serment en nos mains de » nous obéir et recongnaistre pour Prince et Sei- » gneur souverain régalien, hault justicier, moyen

dans une cour, sur lequel on voit des vestiges de porte et de fenêtres ogivales. Des constructions modernes l'ont remplacé, ce sont les maisons portant les nos 12, 13 et 14.

» et bas, de nostre dicte Cité, banlieue, manants » *(demeurants)* et habitants en icelle; et feront » semblablement tous les bourgeois, manants et » habitants d'icelle, par rafrechissement d'icelluy » serment pour une fois, et tous aultres qui vien- » dront nouvellement résider en icelle, de quelque » lieu qu'ils viennent. »

« Et tous lesquels Officiers sont tenus de faire » résidence en la dicte Cité à peine de privation » de leur charge s'ils vont résider ailleurs. »

« Toutes lesquelles choses Nous avons accordées » et octroyées aux dicts Gouverneurs, Magistrats » et Conseilliers présens et acceptans, en signe de » quoy ont signé les présens articles ainsy accordés.

» Faict et donné en nostre Palays Episcopal au » dict Verdun. En présence de vénérables et dis- » cretes personnes... » Suivent les noms de divers dignitaires ecclésiastiques parmi lesquels figure Nicolas Bousmard, archidiacre d'Argonne et grand prévôt de Montfaucon, qui succéda à Nicolas Psaulme sur le siége épiscopal de Verdun.

» Tous et chacun lesquels Doyen, Eschevin, » Conseilliers et aultres officiers susnommés, ont » presté le serment en noz mains, suivant la forme » du serment mise cy-après, le seizième jour du » mois de mars mil cinq cent soixante et qua- » torze, avant Pasque. »

Leur signature donnée à la suite de celle de Nicolas Psaulme, les nouveaux fonctionnaires prêtèrent le serment demandé :

Formule du Serment.

« Je N. jure, sur les Sainctes Evangiles que je » touche corporellement, que doresnavant je gar-

» deré les droits et aultorités de Monseigneur
» l'Evesque et Comte de Verdun, Prince et Sei-
» gneur Régalien de ceste Cité Impériale de
» Verdun, ensemble les Droits, Loix et Statuts de
» la dicte Cité et du bien public, qu'iceulx je
» procureray et défenderay à mon pouvoir avec
» toutes diligence et sollicitude de toutes choses
» y appartenantes, préférant le bien et utilité
» publicque à mon proufit particulier. Et ne por-
» teray faveur à l'une des parties de la Commu-
» naulté plus qu'à l'autre. Et feray au pardessus
» tout ce qu'apartient a vray et bien affectionné
» Conseillier, pour le régime, tuition et conserva-
» tion de la République. Et prometz aussy de
» vivre et demeurer ferme et stable en la foy et
» Religion Chrestienne, Catholique et Romaine,
» ensemble comme bon, loyal et fidel à mondict
» Seigneur, luy garder et tenir les foy, loyaulté,
» honneur et service qu'un bon et loyal subject
» doit faire à son Seigneur spirituel et temporel.
» Ainsi je le jure. »

Immédiatement après cette formule, est écrit sur l'original le commencement de l'Evangile St-Jean, tel que le prêtre le récite à la fin de la Messe. Ce fut la main posée sur les paroles sacrées que les magistrats et officiers de la Cité jurèrent de « garder et tenir foy, loyauté, honneur et service » à leur Seigneur Evêque et Comte de Verdun.

Le vieux parchemin sur lequel a été écrite cette Charte en 1574, et que Nicolas Psaulme a touché de sa main, se trouve, comme beaucoup d'autres pièces intéressantes pour l'histoire de

Verdun, aux Archives de la Commune. Il forme un cahier de vingt-quatre pages parfaitement conservé. En tête de la vingt-et-unième une jolie miniature, or, rouge et azur, représente le Christ en croix, ayant à sa droite les armes de Nicolas Psaulme, et à sa gauche celles de Verdun. Les deux écussons sont entourés d'une délicate guirlande de fleurs et de feuillage (1).

La Charte originale de 1574 aux Archives de l'Hôtel-de-Ville.

Les armes de Verdun, ville impériale, sont *sur champ d'or une aigle à deux têtes de sable, becquée et membrée de gueules.*

Armes de Verdun.

Nicolas Psaulme portait *sur champ d'azur, deux étoiles d'or en chef, et en pointe une gerbe de même mise en pal, chargé au milieu d'un petit écu d'argent à l'aigle noire à deux têtes qui est d'empire.* Sous ces armes, dans lesquelles notre Evêque rappelle par la gerbe le souvenir de sa naissance plébéienne et du labeur paternel, une banderolle flottante dit cette fière et chrétienne devise : SI DEUS PRO NOBIS QUIS CONTRA NOS? *Si Dieu est pour Nous qui sera contre Nous?*

Armes de Nicolas Psaulme.

Le Gouvernement établi dans notre Cité par Nicolas Psaulme fonctionna pendant près d'un siècle avec quelques modifications apportées par les évènements.

Ce que dura le Gouvernement établi par N. Psaulme.

Les Trois-Evêchés étaient trop à la portée de la France, pour ne pas éveiller chez les hommes qui la gouvernaient la forte tentation de les annexer au royaume d'une manière définitive et absolue.

(1) Voyez en tête du volume les armes de Nicolas Psaulme et celles de Verdun comme ville impériale.

Metz et Toul abdiquèrent sans grande difficulté, vers 1600, leur titre et leurs droits de Villes libres et reconnurent Henry IV pour leur Roi et Seigneur souverain.

Verdun retarde autant que possible sa réunion définitive à la France.

Verdun au contraire défendit ses vieilles prérogatives avec une généreuse persistance. Mais notre Cité se trouvait un peu comme le moucheron que l'araignée entoure petit à petit de ses inévitables rets, lorsqu'elle l'a pris dans sa toile. D'abord une Ordonnance du Roi défendit aux habitants d'en appeler, des jugements de leurs tribunaux ordinaires, à la Chambre impériale de Spire, et leur ordonna de porter leurs appels à la Chambre royale de Metz. Puis une autre ordonnance créa à Verdun une Chambre royale (1607) qui devait connaître des causes réservées uniquement jusqu'alors à la Justice de la ville. L'Evêque et la majeure partie des bourgeois protestèrent contre ce nouvel établissement, disant qu'un tel tribunal, outre qu'il portait atteinte aux priviléges de la ville, était une violation des droits de l'Empire; violation qui pourrait leur attirer l'indignation de Sa Majesté Impériale, les faire mettre au ban de l'Empire, et exposer leur ville et tout le pays à des dégâts et à des violences sans nombre. A coup sûr ils exagéraient leurs craintes et le danger; aussi leurs doléances ne furent pas écoutées. Cependant l'ombre de l'Empire mettait encore un léger frein à l'ambition française, car, en Janvier 1611, Louis XIII donnait des lettres de protection et de sauvegarde à la ville de Verdun.

Mais seize ans après, le même Louis XIII ordonnait qu'à Verdun, comme partout le royaume, on dit, et on chantât dans les prières de l'église : *Ludovicum Regem nostrum*, au lieu de *Ludovicum Protectorem nostrum*. Restaient encore, comme derniers vestiges du passé, les armes de l'empire sur les portes de la ville et son nom dans les actes publics ; en 1632 les armes furent effacées et il fut interdit de rappeler, dans aucun titre ou acte public, que Verdun fut ville impériale.

La justice rendue au nom du Roi.

L'année suivante, un arrêt du Parlement de Metz, nouvellement fondé, supprima les Tribunaux de notre Cité tels qu'ils avaient existé depuis sept cents ans, et la justice fut rendue au nom du Roi. Trois Princes de la Maison de Lorraine, qui se succédèrent comme Evêques de Verdun (1), luttèrent avec énergie contre les empiètements des gens de robe. Le dernier, François de Lorraine, prit les armes contre la France, et n'y gagna que de se faire enlever ses droits *régaliens*, ou de Prince souverain, par un édit de Louis XIII, daté de 1635. En 1641, la Chambre royale de Verdun fut érigée en baillage et présidial, et comprit dans son ressort une partie du diocèse.

Sept ans après (1648), un article du traité de Munster stipula vainement que François de Lorraine serait remis en possession de sa souveraineté ; la souveraineté ne fut point rendue à cet Evêque, malgré ses réclamations à la cour de France. Le siége épiscopal de Verdun demeura vacant pendant sept années, de 1661 à 1668. Messire Armand de Monchy d'Hocquincourt, le premier de nos Evêques qui fut nommé par les Rois de France, renou-

(1) Erric de Lorraine, de 1593 à 1611 ; Charles de Lorraine, de 1611 à 1622 ; François de Lorraine, de 1622 à 1661.

vela les démarches de son prédécesseur pour rentrer dans ses droits de Comte souverain ; mais les ministres de Louis XIV lui firent entendre que cette insistance déplaisait au Grand Roi.

Verdun réuni à la France en 1680.

C'est pourquoi, le 26 avril 1680, le Roi effaça d'un trait de plume les libertés, franchises et priviléges de Verdun, en lui retirant le droit d'élire ses juges et ses magistrats. Notre antique Cité cessa donc de se gouverner elle-même; assimilée au reste de la France, elle fut prise dans ce vaste réseau administratif qui commençait dès lors à couvrir notre pays et à lui donner une cohésion, une unité qui font sa force, mais qui lui ôtent quelque peu d'initiative et de variété.

Mort du Cardinal de Lorraine.

Cependant, au moment même où Nicolas Psaulme détruisait pour ainsi dire, par son nouveau *Règlement de justice et de police*, l'œuvre gouvernementale exécutée en 1552 dans notre Cité, par le Cardinal de Lorraine, il recevait la nouvelle, bien affligeante pour lui, de la mort de cet homme célèbre, arrivée à Avignon le 26 décembre 1574.

Je m'abstiens, Messieurs, de porter un jugement qui, du reste, n'est pas tout-à-fait dans mon sujet, sur Charles de Guise, Cardinal de Lorraine. On a dit de lui et de son frère François de Guise, le plus illustre de cette famille d'hommes illustres : C'était le Renard uni au Lion.

Le Cardinal de Lorraine, par son testament daté de Reims, mandait et ordonnait que, dans l'église cathédrale de Verdun et dans les Abbayes de St-Vannes et de St-Paul de la même ville, il fut « faict

» ung obit solennel aux dépens de sa succession » et, en chacun des dits lieux, il donnait deux » cens livres aux pauvres, à la charge de prier » Dieu pour son âme » Il choisissait, pour l'un des exécuteurs de son testament et dernières volontés, « Monsieur l'Evesque de Verdung, le » comptant parmy ses plus sûrs Seigneurs frères » et amys. »

Nicolas Psaulme son exécuteur testamentaire.

Le courrier qui apportait à l'Evêque de Verdun la nouvelle de la mort du Cardinal de Lorraine, le priait en même temps, au nom du Cardinal Louis de Guise, frère du défunt, de se rendre à Reims pour assister aux funérailles et s'acquitter de ses devoirs d'exécuteur testamentaire.

Nicolas Psaulme aux funérailles du Cardinal de Lorraine.

Nicolas Psaulme voulut donner à l'ami dont il pleurait la perte une dernière preuve d'attachement. Quoique souffrant d'infirmités précoces, il se mit en route dans la saison la plus incommode, la plus froide de l'année, et arriva à Reims vers la fin de janvier 1575. D'un autre côté y arrivait aussi la dépouille mortelle de Charles de Guise, escortée de tous les gentilshommes de sa maison et amenée par son neveu Louis de Guise, abbé de Fécamp. A notre Evêque échut l'honneur douloureux pour son âme de présider la cérémonie des funérailles ; il alla, à la tête d'une foule immense, recevoir le funèbre cortége à l'une des portes de la ville, et harangua d'une voix émue M. de Fécamp. Certes, il y avait de grandes leçons à donner et à recevoir devant ce cercueil, qui renfermait les restes de l'homme le plus éminent peut-être de son siècle, par son nom, sa famille, son crédit, sa puissance, ses dignités, ses talents, frappé par la mort dans la force de l'âge, à 48 ans (1) !

. . . .

A ce chagrin privé vinrent tout aussitôt s'ajouter pour Nicolas Psaulme des embarras d'une autre nature.

La Prévôté de Mangiennes, dont nous avons déjà si souvent parlé, demeurait entre lui et son intraitable voisin le duc de Bouillon comme une pomme d'éternelle discorde. Le duc était le plus fort, mais l'Evêque veillait à tout ce qui se passait du côté de Jametz afin de ne point être surpris et en instruisait fidèlement Henry de Guise dans le secours duquel il comptait : le *Balafré*, qui avait hérité de la puissance et de la vaste ambition de son père François de Guise, tenait à connaître tous les mouvements du parti Calviniste. Il écrivait à notre Evêque pour le rassurer contre les entreprises qu'il semblait craindre de la part de *Ceulx de Jametz :*

Lettre de Guise le *Balafré* à N. Psaulme.

« Monsieur de Verdun. J'ai reçeu vos lettres et » veu ce que vous me mandès de l'amas de gens » de guèrre qui se faict auprès de Jametz, chose » qui n'est pas encore venue à ma congnaissance, » mais j'en auray bientôt certaine nouvelle. Il me » semble que nous n'avons que bien peu à doubter. » Car tous les advis que j'ay d'Allemagne sont » conformes que le Prince de Condé ne peult » avoir de Reîtres, a faute d'argent. A touttes » fins arrivant quelque chose de vostre côté et » m'advertissant, je vous secoureray si à propos

(1) *Histoire des ducs de Guise*, par René de Bouillé. Tome II. Page 570.

» que vostre ville n'en recevera aucun mal, et » pour vostre particulier j'y emploiray le vert et » le sec........................ Et sur ce, » Monsieur de Verdun, je me recommande à vos » bonnes grâces et prie le Créateur de vous donner » longue vie. De Joinville, ce 14 Juillet 1574.
» Vostre entierement meilleur amy à vous obéyr.
» Henry de Lorraine. »

La veuve du duc de Bouillon poursuit ses prétentions sur Mangiennes.

Au mois de décembre de cette année, Henry-Robert de la Marck mourut. Nicolas Psaulme crut le moment favorable pour ressaisir les droits de son Evêché. Mais la veuve de Henry-Robert, Françoise de Bourbon (branche cadette), fille de Louis de Bourbon, duc de Montpensier, et parconséquent alliée à la famille royale de France, soutint avec vigueur les prétentions des la Marck sur la prévôté de Mangiennes. Elle fit enlever et conduire dans les prisons de Jametz le Procureur général de l'Evêché de Verdun, qui se trouvait à Mangiennes pour recevoir le serment des officiers de la Prévôté.

Nicolas Psaulme se plaignit vivement de ces violences et en appela au roi de France. Le roi de France était alors Henry III, qui venait de quitter le trône de Pologne pour venir remplacer son frère Charles IX sur celui de France, comme un prisonnier se sauve de sa prison pour retourner à la liberté. Henry III n'aimait point les Guises, Françoise de Bourbon sut l'intéresser à sa cause, et Nicolas Psaulme reçut la lettre suivante :

Lettre de Henry III à Nicolas Psaulme.

« Monsieur de Verdun. Tout ainsy que par cy-» devant vous m'avez faict plainte que les officiers » de ma cousine la duchesse de Bouillon faisaient » des entreprises en quelques terres de vostre

» Evesché, et comme vous avez désirez, je lui aye
» escript à cet effect. En ayant reçu une de sa
» part bien grande et expresse sur les mesmes
» entreprises et empeschements qui lui sont
» donnés de vostre part en la jouissance du juste
» droit que ses enfans ont à cause de leur terre de
» Jametz ez prévostez et villages de Mangiennes,
» de Loison et aultres liens circonvoisins. Aussy
» ays-je voulu vous escrire, comme j'ay toujours
» eu à singulier plaisir la droicte affection que
» feu mon dict Cousin le duc de Buillon a, jusques
» à sa mort, porté en la recommandacion de mon
» service. Je désire en ceste recongnaissance
» conserver à ses dicts enfants le droit qui leur
» appartient, jusqu'à ce que ils puissent avoir
» l'aage de le pouvoir garder. Et pour ce je vous
» prie, Monsieur de Verdun, de faire cesser en
» leur endroit tels empeschements et entreprises,
» sans permettre qu'à l'advenir il puisse estre faict
» de vostre part aucun préjudice à leurs dicts
» droicts, chose qui aultrement me serait à grand
» déplaisir, tant pour l'amitié que je leur porte
» que pour la recommandacion qui m'en a esté
» donné par mon Cousin, le duc de Montpensier,
» leur ayeul maternel. Priant Dieu, Monsieur de
» Verdun, qu'il vous aye en sa saincte garde. De
» Paris, ce 18 avril 1575. Henry. »

La Prévôté de Mangiennes perdue pour l'Evêché

C'était encore une partie des domaines de l'Evêché perdue. Nicolas Psaulme dut en faire le sacrifice, sacrifice qui, après tout, fut bien vite oublié à l'approche d'un péril autrement redoutable pour son pouvoir et pour la religion elle-même dans nos contrées.

Un traité venait d'être conclu entre le Prince de Condé, seul chef des Calvinistes en France depuis l'assassinat de Coligny, et le comte palatin Jean-Casimir de Saxe. Par ce traité, Jean-Casimir s'obligeait à fournir huit mille Reîtres et huit mille Suisses aux Huguenots de France, à condition que Condé l'aiderait à s'emparer des villes de Metz, Toul et Verdun. C'était de la part de Condé une trahison qui compromettait l'œuvre nationale de la réunion des Trois-Evêchés à la France et les rattachait à l'Empire, en même temps qu'elle nous faisait passer sous la domination du prince protestant le plus entreprenant de l'époque, et implantait officiellement l'hérésie dans nos contrées. Disons-le bien vite, Dieu ne voulut pas que cette dernière clause du traité reçut son exécution.

Condé promit de livrer les Trois-Eèvchés aux Protestants d'Allemagne.

Mais notre Evêque n'en trembla pas moins de voir sa ville épiscopale aux mains des Luthériens allemands, et chercha par tous les moyens à prévenir ce fatal évènement. Verdun fut mis en état de défense. Mais comme il savait que « tout » royaume divisé doit sûrement périr, » il profita de la possibilité du danger commun, pour rendre plus étroite que jamais l'union entre les habitants et les officiers et soldats de la garnison française, afin que cette union put au besoin faire la force et le salut de tous.

Ce fut là, Messieurs, la dernière préoccupation de Nicolas Psaulme relativement aux intérêts généraux de la religion et aux affaires de ce monde. Son heure dernière approchait.

Mais, avant de le voir descendre dans la tombe, je désire faire sur sa personne et sur son caractère quelques réflexions, qui compléteront la connaissance que nous en avons déjà par les évènements de sa vie.

Portraits de Nicolas Psaulme.

Il existe deux portraits de Nicolas Psaulme, peints de son vivant.

L'un se trouve au Musée de Bar-le-Duc ; il est l'œuvre de François Clouet, dit le second Janet, peintre ordinaire du roi François Ier (1).

L'autre est une toile mesurant environ deux mètres de largeur sur deux mètres 20 cent. de hauteur. Au centre se trouve le buste de l'Evêque avec ses armes et l'inscription suivante : *Nic. Psalmeus ex can. Sti-Pauli episc. Virdunensis*, — Nic. Psaulme de religieux de St-Paul devenu évêque de Verdun. — La partie supérieure est occupée par le groupe allégorique des trois Vertus théologales représentées avec leurs attributs ordinaires; au bas sont des Génies ailés qui dressent des pierres pour un monument dont on voit le plan tracé à vol d'oiseau. Ce monument est le couvent de St-Paul rebâti, comme nous l'avons raconté, dans l'intérieur de la ville, par les soins de Nicolas Psaulme. On le reconnaît sur la toile; du reste la légende qui l'accompagne l'indique clairement : *Monasterium extra muros dirutum, in urbe restauravit, fidemque Catholicam civitati naufragantem custodivit. Anno*

(1) Ce portrait sur bois de Nicolas Psaulme a été donné au Musée de Bar en 1841 par M. Oudet, son conservateur, mais il a souffert les injures du temps. J'en ai placé une photographie en tête de quelques exemplaires de cet ouvrage.

1570. — Il reconstruisit le monastère détruit de St-Paul-hors-des-murs, et conserva à la Cité la foi catholique menacée d'y périr. L'an 1570. — Ce tableau, provenant de la succession de Nicolas Psaulme lui-même, est encore aujourd'hui entre les mains de ses arrière-petits-neveux qui le conservent comme un précieux souvenir de famille (1).

Enfin, un troisième portrait de Nicolas Psaulme, copié sur celui dont je viens de vous parler, se trouve dans les salons du Palais épiscopal de Verdun. Notre Evêque y est représenté vêtu de l'habit blanc des Prémontrés.

On regarde avec intérêt cette noble figure, que ni les années, ni le travail, ni les préoccupations, n'ont encore marqué des signes de la vieillesse. Une légère moustache ombrage sa lèvre supérieure, il porte la barbe courte et peu fournie. Ses traits sont réguliers et distingués, son front est haut, son œil petit mais bien fait, vif et intelligent, l'ensemble de sa physionomie respire la douceur et la bonté sans en exclure quelque chose de fin et d'énergique.

Tel est, Messieurs, le portrait physique de Nicolas Psaulme. Voici, autant que je le puis faire, son portrait moral.

Ses Ouvrages religieux.

Nicolas Psaulme était, au point de vue du savoir et des talents, l'un des hommes les plus remarquables de son temps. Nous l'avons vu briller au Concile de Trente par son éloquence et l'autorité de sa parole ; nous avons eu aussi l'occasion de

(1) Ce portrait est en la possession de Mme Hérard, libraire à Metz, que des liens de parenté rattachent à la famille Psaulme.

citer divers ouvrages religieux qu'il trouva le loisir de composer, malgré les affaires si nombreuses, si variées et si difficiles de son long épiscopat.

Outre ces ouvrages déjà cités, nous connaissons encore : Un recueil d'instructions écrites de sa propre main pendant qu'il était abbé de St-Paul, et adressées à ses religieux. La bibliothèque de Verdun possède ce précieux manuscrit.

2° Un *Rituel* à l'usage du Diocèse, qu'il rédigea et fit imprimer à Paris en 1554. Le Catalogue des Evêques de Verdun qu'il y donne est ainsi terminé : *Nicolaüs Psaulme III, LXXXV, omnium minimus et indignissimus minister, a reverendissimo et illustrissimo Carolo Cardinali de Lothoringia in partem sollicitudinis episcopalis ecclesie Virdunensis vocatus, Anno Domini M.V.XLVIII.* — Nicolas Psaulme III (1), LXXXV° évêque, de tous le moindre et le plus indigne ministre, appelé par le révérendissime et illustrissime Charles, Cardinal de Lorraine, à une part de la sollicitude épiscopale de l'Eglise de Verdun (2). —

3° Une *Exposition* ou Explication de la Messe qu'il composa en 1554, pour prémunir ses Diocésains contre l'hérésie grandissante de Luther et de Calvin.

4° Le *Missel de Verdun*, à la réimpression duquel il donna ses soins en 1557.

(1) Troisième Evêque de Verdun du nom de Nicolas.

(2) Un bel exemplaire de ce Rituel, ayant appartenu à Nicolas Bousmard, successeur de N. Psaulme à l'évêché de Verdun, le seul peut-être qui existe aujourd'hui, fait partie de la bibliothéque de M. l'abbé Mayer, doyen du Chapitre, supérieur du Grand Séminaire.

5° Une Explication du Concile de Trente, ayant pour titre : *Elucidationes nonullorum locorum Sacri Concilii Tridentini, etc.* Cet ouvrage a été imprimé avec son Journal du Concile ou *Diarium Concilii Tridentini* dans les *Monumenta Sacræ Antiquitatis*, du P. Hugo, mais la Bibliothèque de Verdun en conserve le manuscrit, écrit tout entier de la main de Nicolas Psaulme.

Cette intelligence remarquable semblait ajouter un mérite plus grand à la pureté de ses mœurs, à la sainteté de sa vie. Le XVIe siècle fut fécond en scandales, car la licence avait pénétré partout, et cependant jamais les ennemis de Nicolas Psaulme eux-mêmes ne purent, sur ce point, élever le moindre soupçon contre sa personne. Sa piété.

Sa piété envers Jésus-Christ dans l'Eucharistie était admirable. Dès 1555, il avait ordonné de chanter chaque jeudi de l'année une messe solennelle du S. Sacrement, dans son église Cathédrale et dans l'église de la Magdeleine; plus tard il fit don de tous les ornements et vases sacrés, nécessaires à la célébration de cet office en ces deux églises.

Du reste, l'Evêque, au palais épiscopal, avait conservé les habitudes du vrai religieux sous le cloître. Non-seulement, il porta jusqu'à sa mort l'habit de moine, mais jusqu'à sa mort il en mena la vie rigide et mortifiée. Cependant cette austérité personnelle ne nuisait en aucune façon à la politesse de ses manières, à l'amabilité de son esprit, à la douceur de son caractère, à la facilité bienveillante de ses relations avec les petits comme avec les grands du monde, et surtout avec ses prêtres.

Sa modestie.

Cette manière d'agir lui était inspirée par une réelle modestie. Evêque et Prince presque souverain, il n'oublia jamais, dans cette éclatante fortune, qu'il était sorti du peuple et qu'il avait dû faire un long chemin pour arriver si haut. Loin de chercher à dissimuler l'obscurité de sa naissance sous les brillants dehors de la grandeur, à une époque pourtant où la roture était comme une tache originelle, il la proclama jusque sur son tombeau : *humilibus quidem sed piis natus parentibus !* y écrivit-il. La piété de ses humbles parents, voilà son seul et son plus cher titre de noblesse ! Aussi on ne voit pas qu'il ait profité de sa puissance ou de son crédit pour tirer sa famille de la modeste condition dans laquelle elle se trouvait. Un de ses frères resta toute sa vie chanoine de la Magdeleine ; ses autres frères et ses sœurs ne quittèrent ni la charrue, ni le village natal, et ce ne fut que sur les instances du duc de Lorraine qu'il consentit à l'annoblissement de son père et à sa nomination au poste de prévôt de Tilly. La tombe qu'il fit élever à ses parents, l'année de sa propre mort, rappela peut-être seule d'une manière flatteuse et pour eux et pour lui, qu'ils avaient un fils Evêque et que sa gloire rejaillissait sur sa famille (1).

(1) Pierre Psaulme mourut en 1560 âgé de 70 ans, sa bonne et sainte femme, Didière Morel, mourut en 1567 âgée de 75 ans. Ils furent enterrés à Chaumont-sur-Aire dans une chapelle dont il ne reste aujourd'hui ni vestiges ni souvenirs. Ils laissèrent sept enfants, trois fils dont l'aîné fut Nicolas Psaulme, et quatre filles. La famille des frères de notre Evêque s'est perpétuée jusqu'à nous dans le pays.

Sa Charité.

Vous savez, Messieurs, quel fut le dévouement de Nicolas Psaulme pendant la peste qui désola Verdun en 1568 ! Vous savez que le soulagement des classes pauvres fut une des préoccupations de sa vie, que ses aumônes furent abondantes, et inépuisable sa charité ! Mais vous ignorez encore une autre preuve de sa générosité. Chaque année, Mesdames, le jour de St-Nicolas, qui était sa fête à lui, il se faisait indiquer trois jeunes filles orphelines, pauvres, mais des plus sages et des plus vertueuses de la ville, et leur donnait une dot convenable pour les aider à se marier.

Reproches qu'on lui fait.

J'ai cru remarquer dans sa vie qu'il était porté à s'exagérer facilement les dangers d'une situation, il était *pessimiste* comme on dirait aujourd'hui. Lorsque cette propension à voir l'avenir sous de sombres couleurs n'énerve pas l'énergie du caractère, ne paralyse en rien la volonté et fait au contraire chercher les moyens de détourner le péril, ce n'est plus un défaut, c'est une qualité; cela s'appelle de la prévoyance : or Nicolas Psaulme n'était que prévoyant.

On lui reproche d'avoir été le vassal trop complaisant des Guises. Il était difficile, Messieurs, lorsqu'on se trouvait uni à cette puissante famille, par les liens de l'affection, ou par la similitude des intérêts religieux et matériels, de ne point subir son envahissante influence, de s'arracher à l'espèce d'attraction qu'elle exerçait autour d'elle. Après tout, cette espèce de vassalité ne nuisit en rien à la dignité de notre Evêque, et les Guises, capitaines et cardinaux, le traitèrent toujours comme un homme que l'on aime, que l'on estime et que l'on respecte.

On lui reproche encore d'avoir appauvri son Evêché par diverses cessions de fiefs et de seigneuries. Ces cessions lui furent le plus souvent imposées par le besoin où il se trouvait de chercher autour de lui des protections contre les attaques continuelles auxquelles il était en butte de la part des Calvinistes. Ce fut la maison de Lorraine qui en profita.

Les Etablissements religieux qu'il a fondés

Cependant malgré la modicité des revenus de son Evêché dont une part très-considérable passait, on s'en souvient, aux mains du Cardinal de Lorraine, Nicolas Psaulme sut réaliser une foule de bonnes œuvres, subvenir à de nombreuses dépenses. Je cite, parmi les plus importantes, le couvent de St-Paul reconstruit, le collége de Verdun fondé, le palais épiscopal restauré, les religieux Minimes appelés et installés presqu'à ses frais, des secours abondants donnés aux Dominicains et aux religieux Augustins (1) appauvris pour différentes causes. Et que demandait-il en échange de ses libéralités? des prières pour lui et pour ses successeurs.

Il est néanmoins une œuvre sainte et utile à laquelle notre Evêque ne put mettre la dernière main : je veux parler de la fondation d'un Séminaire diocésain. Nous l'avons vu dès 1558, longtemps avant que le Concile de Trente n'eut ordonné

(1) Le couvent des Augustins, ancienne maison de l'Ordre militaire des Templiers, se trouvait sur l'emplacement où l'on a bâti le Marché-Couvert.

l'établissement d'un Séminaire dans chaque diocèse, créer à l'aumônerie de St-Jacques une école mixte pour les études profanes et pour les études ecclésiastiques. En 1570 il dédoubla pour ainsi dire son Université, fonda le Collége, mais la mort ne lui permit pas de rétablir l'école ecclésiastique : cette gloire était réservée à Messire Armand de Monchy d'Hoquincourt. Cependant Nicolas Psaulme en avait gardé le dessein, car, à sa mort, on trouva dans ses coffres une somme de vingt mille écus d'or qu'il réservait à l'œuvre du Séminaire, où son testament fondait une bourse à perpétuité pour un membre de sa famille (1). Ces vingt mille écus furent réclamés par le Chapitre de la Cathédrale comme provenant des revenus de l'Evêché, l'abbé de St-Paul les réclama pareillement comme héritier de l'Evêque, autrefois religieux, puis abbé de son couvent après la mort du Cardinal de Lorraine. Mais pendant qu'on se disputait ainsi le trésor laissé par l'illustre défunt, le roi de France terminait le débat en s'en emparant.

Tant de vertus, Messieurs, avaient fait chérir Nicolas Psaulme, et de son peuple et de son clergé.

Derniers moments de Nicolas Psaulme.

Aussi ce fut avec une douloureuse et profonde émotion que toute la ville apprit, dans les premiers jours du mois d'août 1575, que la maladie de son saint et généreux Evêque, redoublant de gravité, ne laissait plus aucun espoir.

(1) Le dernier membre de la famille de notre Evêque qui jouit de cette bourse fut Etienne Psaume, mort tragiquement en 1828. Etienne Psaume avait commencé ses études théologiques au Séminaire de Verdun avant la grande révolution.

Nicolas Psaulme vit approcher la mort, non seulement avec le froid courage de l'homme fort qui accepte sans murmures cette loi commune et inévitable, mais surtout avec la consolante résignation du Chrétien qui voit dans la souffrance une expiation et dans la mort un passage à une vie meilleure, avec cette calme sérénité du juste qui a le sentiment du devoir accompli, dans la mesure de ses forces, et qui espère, s'il a failli par faiblesse, dans la bonté d'un Dieu miséricordieux à tout repentir.

La veille de sa mort, il demanda lui-même les secours de la religion. Les portes du palais épiscopal furent ouvertes au peuple, et la foule assista grave, recueillie, éplorée, à la solennelle administration des derniers Sacrements, que l'auguste mourant reçut avec une piété édifiante. Fortifié par le suprême Viatique, Nicolas Psaulme sembla revivre un moment, pour dire un dernier adieu à son peuple et à son clergé et pour leur adresser encore quelques conseils, les exhortant, avec cette imposante autorité que la parole emprunte en passant sur les lèvres d'un moribond, à vivre et à mourir dans la foi catholique.

Sa mort. Le 9 août 1575, Nicolas Psaulme rendit son âme à Dieu.

La nouvelle de sa mort causa un deuil général dans la Cité, comme l'eut fait un malheur public : le peuple de Verdun aimait son Evêque parcequ'il se savait grandement aimé de lui.

Le lendemain le Conseil de la Cité se réunissait à l'hôtel Montauban et prenait la délibération sui-

vante : « MESSIEURS ont ordonné que tous en-
» semble ils se trouveront le plus honorablement
» que faire se pourra, à l'enterrement et obsèques
» de feu Monseigneur N. Psaulme, évesque et
» comte de Verdun, décédé le jour d'hier environ
» les neuf heures du soir (1). »

Les Funérailles.

Les funérailles du vénérable défunt eurent lieu en l'église Cathédrale avec une pompe inaccoutumée. Mais le recueillement et l'émotion de l'assistance, mais les regrets et la tristesse de tous, mais les larmes versées rendirent le service funèbre plus solennel et plus touchant, à coup sûr, que ne pouvaient le faire le brillant cortége de Seigneurs et de nobles Citains qui entourait le cercueil, la foule qui se pressait aux portes et dans les nefs de la vieille Basilique, la magnificence des cérémonies religieuses, tous les honneurs enfin qu'on rend aux restes inanimés des puissants de ce monde.

Son tombeau.

Le corps de Nicolas Psaulme fut inhumé dans la chapelle du St-Sacrement, au bas de la Cathédrale. Trois années auparavant le pieux Evêque, afin de se familiariser, pour ainsi dire, avec la pensée de la mort, avait fait exécuter, sur le bloc de marbre noir qui devait recouvrir son cercueil, sa statue en habits pontificaux, couchée dans l'attitude du dernier sommeil. Sur un des côtés du marbre avait été gravée cette modeste épitaphe qu'il composa lui-même :

Nicolaus Psalmœus a Calvomonte ad fluvium Erram humilibus quidem sed piis natus parentibus, priùs Sancti Pauli ad Virduni mœnia

(1) Registres des délibérations du Conseil de la Cité.

Abbas, postea ad Episcopatum Virdunensem vocatus, sanctè et religiosè de futurâ resurrectione cogitans, sepulchrum hoc, cum adhuc in vivis ageret, sibi extruendum curavit, anno Domini 1572.

Je traduis, Mesdames, cette épitaphe.

— Nicolas Psaulme, de Chaumont sur la rivière d'Aire, né de parents à la vérité obscurs mais pieux, d'abord Abbé de St-Paul près des murs de Verdun, puis appelé à l'Evêché de Verdun, saintement et pieusement occupé de la pensée de la Résurrection future, se fit construire ce tombeau pendant qu'il était encore en vie, l'an du Seigneur 1572. —

Le lendemain de sa mort, on ajouta à cette épitaphe les paroles suivantes :

In eo vero mortui corpus Clerus Populusque Virdunensis mœstissimi posuêre, anno Domini MDLXXV, die X mensis Augusti.

— Dans ce tombeau, le Clergé et le Peuple de Verdun, très-affligés, placèrent le corps du défunt, l'an du Seigneur 1575, le Xe jour du mois d'août. —

Ce qu'est devenu son tombeau.

Messieurs, ni le tombeau, ni les cendres de Nicolas Psaulme ne furent respectés aux mauvais jours de la Révolution. Ses cendres sont sans doute mêlées à celles des autres Evêques de Verdun qu'on a pu retrouver, ou peut-être ont-elles été jetées au vent. Le marbre de son tombeau enlevé a été oublié pendant quelques années dans un coin, puis brisé par d'ignorants démolisseurs. Une partie de ces débris, sur lesquels on peut voir encore quelques traces de sculpture et quelques lettres, servait il y a six mois à soutenir des terres au chevet de la Cathédrale. Je désire leur donner asile dans l'église du Collége.

Mais le cœur du pieux et saint Evêque a été conservé.

Son cœur dans l'Eglise du Collége.

A sa dernière heure le Fondateur de notre Collége n'oublia point son œuvre. Ne pouvant plus rien pour ses chers élèves, il leur légua son cœur, comme s'il eut voulu leur dire par là qu'ils étaient les fils de sa prédilection, et qu'à tout jamais il leur demandait une prière en témoignage de reconnaissance.

Cette auguste relique, Messieurs, est placée dans notre église du Collége, au pied du grand autel sous une dalle de marbre noir, avec cette inscription si touchante dans sa simplicité :

Nicolaus Episcopus amicus vester dormit. Orate pro eo. Obiit die 9 *Augusti anni MDLXXV, œtatis suœ anno LVII.* — NICOLAS PSAULME VOTRE AMI DORT SOUS CETTE PIERRE. PRIEZ POUR LUI. Il mourut le 9 août de l'an MDLXXV, dans la LVIIe année de son âge. —

Oui, illustre Pontife, vous êtes au milieu de vos amis, de vos enfants ! Tous, et la jeune génération qui occupe aujourd'hui ces bans, sur lesquels depuis trois siècles tant d'élèves sont venus s'asseoir, et les Maîtres qui, s'inspirant de votre esprit et de vos paroles, lui donnent les bienfaits d'une instruction et d'une éducation religieuse, tous, nous garderons votre cœur comme le plus précieux de tous les souvenirs, et nous transmettrons à ceux qui viendront après, votre nom glorieux et vénéré comme celui d'un Bienfaiteur !

MESDAMES et MESSIEURS, la tâche que je m'étais imposée est finie. Loin d'avoir été une peine, elle a été pour moi une source de délicates jouissances. Je me suis pris d'affection pour cette noble figure de NICOLAS PSAULME, pour ce fils d'un laboureur de Chaumont, devenu Evêque et Comte de Verdun, et Prince du St-Empire; or, la fatigue disparaît lorsqu'on aime son travail.

Du reste, j'ai été grandement soutenu et encouragé par l'attention et la sympathie avec lesquelles vous avez bien voulu m'écouter durant les longues heures de nos Conférences. Je vous en remercie et j'en garde le souvenir comme l'un des plus chers de ma vie.

Au moment où s'achève l'impression de ce modeste ouvrage, la VILLE DE VERDUN se prépare à recevoir son nouvel Evêque, Monseigneur **AUGUSTIN HACQUARD.**

Elle l'attend avec une respectueuse impatience, elle l'accueillera avec allégresse, elle lui rendra les honneurs dus à sa haute dignité, et l'Evêque et son peuple demeureront unis pour de longues années *dans les liens de la Charité.*

Il y a trois siècles passés, notre Cité saluait en NICOLAS PSAULME, faisant son entrée solennelle en ses murs, un chef du peuple et un pasteur des âmes. Aujourd'hui le Pontife ne porte plus d'épée ; il n'a *d'autres armes que la Croix.*

« Bénit soit celui qui vient au nom du Seigneur. »

Lundi 13 Mai 1867.

PIÈCES JUSTIFICATIVES.

N° 1er (*page* 6).

Généalogie de la famille de GUISE en ce qui concerne l'histoire de NICOLAS PSAULME.

RENÉ II, *duc de Lorraine et de Bar*,

vainqueur de Charles-le-Téméraire à Nancy, mort en 1508. Il avait épousé Philippe de Gueldres, morte en 1547 religieuse Clariste à Pont-à-Mousson. De ce mariage sont issus huit fils : deux moururent enfants, trois tombèrent héroïquement à la fleur de l'âge sur les champs de bataille, les survivants furent :

ANTOINE, *duc de Lorraine et de Bar*, dont les descendants ont conservé la souveraineté de la Lorraine jusqu'en 1735, et règnent aujourd'hui en Autriche.

CLAUDE *de Lorraine*, né en 1496, naturalisé français, comte puis 1er DUC DE GUISE, épouse Antoinette de Bourbon et meurt en 1550. De son mariage sont issus huit fils et trois filles : Nous ne citerons que les plus célèbres.

JEAN *de Lorraine*, né en 1498, Cardinal à l'âge de 20 ans, Evêque de Verdun et de beaucoup d'autres villes, mort en 1550, c'est le 1er *Cardinal de Lorraine.*

(CLAUDE).

FRANÇOIS *de Lorraine*, le GRAND DUC DE GUISE, né en 1519. Duc d'Aumale jusqu'à la mort de son père. Conquérant de la Rochelle, défenseur de Metz, mort assassiné par Poltrot le 24 février 1565.

De son mariage avec Anne d'Est, petite-fille du roi Louis XII par sa mère Renée de France, sont issus :

CHARLES *de Lorraine*, né en 1524, archevêque et duc de Reims, connu sous le nom de CARDINAL DE LORRAINE, mort en 1574.

LOUIS *de Lorraine*, né en 1527, archevêque de Sens, 1er cardinal de Guise.

MARIE *de Lorraine* épouse François II, roi de France, puis Jacques Stuart V, roi d'Ecosse. Ce fut l'infortunée *Marie Stuart*, morte sur l'échafaud le 18 février 1587.

HENRY *de Lorraine*, né en 1550, d'abord Prince de Joinville, IIIe DUC DE GUISE, surnommé le *Balafré*, épouse Catherine de Clèves, organise la LIGUE en France, assassiné à Blois le 21 décembre 1588 par ordre de Henry III.

CHARLES *de Lorraine*, né en 1554, marquis puis *duc de Mayenne*, chef de la Ligue après son frère, reconnaît Henry IV en 1596.

LOUIS *de Lorraine*, né en 1555, abbé de Fécamp, archevêque de Reims, 2e Cardinal de Guise, assassiné à Blois le lendemain de son frère, 22 décembre 1588.

N° 2 (*page* 25).

Bref du Légat du Pape relevant Nicolas Psaulme de son serment aux Lignages. — Ce Bref, écrit en latin, se trouve aux Archives de l'Hôtel-de-Ville; il a été copié sur un manuscrit de la Bibliothéque de St-Vannes. J'en donne la traduction :

« PIERRE, par la grâce de Dieu et du Siége apostolique, Evêque de Faënza, Nonce avec pouvoir de Légat *a latere* de Notre-Très-Saint-Seigneur le Pape Paul III, auprès de l'invincible Prince Charles, Empereur des Romains, toujours Auguste, et auprès de toute la Germanie, au Révérend Père Nicolas Psaulme, par la même grâce Evêque et Comte de Verdun, Salut dans le Seigneur.

» Vous que regarde et à qui appartient en raison de votre dignité de Comte de Verdun, ainsi que vous l'assurez, le droit de créer, nommer et déléguer des personnes aptes à exercer la juridiction temporelle en la Cité de Verdun, vous nous avez exposé naguère que, lors de la réception et de l'admission de votre personne comme Evêque et comte de Verdun, vous aviez, sur les instances des Gouverneurs de la dite Cité, qui vous affirmaient que de coutume antique vous y étiez strictement obligé, juré, toujours réservés vos droits et ceux du St-Empire, que vous n'éliriez, nommeriez, délégueriez aucuns autres pour l'administration de la justice en la dite Cité de Verdun, si ce n'est certains Citoyens de cette Cité, qualifiés d'un certain nom, aux mains desquels, affirment-ils eux-mêmes, toute administration de la République et tout exercice de la justice en la dite Cité, est demeurée à la suite d'un privilége accordé et d'une concession qui leur a été faite après qu'ils eurent été, suivant les circonstances, appelés à ces charges par un Evêque et Comte de Verdun :

» Mais, ainsi qu'ajoutait votre déclaration, comme il n'est en aucune façon sûr et certain que le privilége indiqué plus haut et réclamé par les susdits Gouverneurs leur ait été accordé, et que d'autre part ces citoyens-là eux-mêmes, qualifiés suivant leurs prétentions, se sont mis en plusieurs affaires en manifeste rébellion contre votre autorité, et se sont par là-même rendus incapables et inhabiles à l'exercice et administration de la dite justice ; pour ces raisons vous désirez être délié et dégagé du serment susdit par vous fait, afin de pouvoir agir en toute liberté contre les dits citoyens et contre tous autres s'il est nécessaire, et vous Nous suppliez humblement qu'il vous soit de Nous porté assistance opportune en cette affaire.

» C'est pourquoi, Nous, cédant à votre prière, et en vertu de l'autorité apostolique qui nous est concédée et remise en mains et dont nous usons en cette circonstance, par la teneur des présentes, nous vous dégageons et délions du serment susdit que vous avez prêté comme il est dit auparavant, afin que vous puissiez agir comme vous nous le demandez humblement dans la supplique par vous à Nous présentée. En outre, en vertu de la dite autorité Apostolique, Nous déclarons et décrétons, nonobstant tout ce qui a été statué ou fait précédemment de contraire par qui ce soit, que vous pouvez, librement et de votre autorité, appeler et poursuivre les dits Citoyens et autres par devant tels juges que vous le jugerez à propos, enlever à ces mêmes Citoyens l'exercice et administration autant qu'ils se sont rendus incapables et inhabiles à l'exercer, et aussi en nommer et déléguer d'autres à leur place en usant de votre propre droit, et tout cela sans que vous puissiez encourir nullement la culpabilité du parjure ni la note ou tache d'infamie.

» Donné à Bruxelles, diocèse de Cambrai, l'an de la Nativité du Seigneur mil cinq cent quarante-neuf, aux Nones de novembre, la seizième année du Pontificat de Notre-Très-Saint Pape Paul III. Signé : PIERRE, Evêque de Faënza, Nonce Apostolique. »

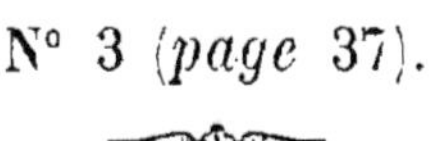

N° 3 *(page 37)*.

Règlement de Justice et de Police donné à la Cité de Verdun par le Cardinal de Lorraine en 1552.

C'est l'ordre et le règlement qui, dorénavant, sera tenu et observé au fait du régime et gouvernement de la Cité de Verdun, tant en ce qui concerne la police que la justice, suivant l'ordonnance faicte par le Roy Très-Chrestien, Vicaire du St-Empire, ez Cités de Verdun, Metz et Toul, publié en l'assemblée de ville faicte en la Maison épiscopale du dict Verdun par Monseigneur Révérendissime et Illustrissime Cardinal de Lorraine, pour cet effet expressément commis et député par le dict Seigneur Roy, et administrateur du temporel de l'Evesché, en présence de Révérend Père en Dieu, Monseigneur Nicolas Psaulme, Evesque et Comte du dict Verdun, le tout sans préjudice des droits du St-Empire.

Premier. Pour le bien, proffit et utilité de la chose publicque du dict Verdun, est ordonné et statué que pour icelle régir et gouverner, de trois ans en trois ans, doresnavant sera mis et estably par le Seigneur Evesque et Comte de Verdun un *Doyen* bon, notable et vertueux personnage natif de la dicte Cité ou y ayant domicile, lequel présidera au *Conseil* de la dicte Cité et aura avec ses Eschevins telle juridiction que du passé : Touttes fois pour certain bon égard, noble homme Jehan de Bar, sieur de Ville-sur-Cousance, à présent Doyen, ne se changera, ainsy demeurera sa vie durante, ayant telle puissance que de coustume. Lequel office et magistrat de Doyen sera à la pleine disposition du dict Evesque comme il a toujours esté du passé.

Item. Sera dressé et estably un *Conseil* ou *Sénat* de vingt-cinq personnes, à sçavoir : le *Doyen* et quatre *Echevins* et vingt *Conseilliers* prins et choisis par tout le peuple, en la manière cy-après déclarée, de bons, notables et vertueux personnages Citoyens et bourgeois d'icelle Cité et natifs ou ayant domicile en icelle; lesquels Eschevins se chargeront par chacun an et seront prins de ceulx du nombre du dict Conseil et Sénat, qui, d'entre eulx, les choisiront et présenteront au dict Seigneur Evesque pour les establir et instituer en Eschevinage, lesquels ainsi constitués connaîtront et jugeront des causes, qui du passé ont accoustumé connaître et juger les Eschevins du Palais du dict Verdun, desquels pareillement sera chef le dict Doyen. Auront aussi les dicts Eschevins le regard et charge des œuvres, négoce, et affaires publicques.

Item. Et parceque le Clergé est partie du corps mystique de la République, est advisé, statué et ordonné qu'au dict Conseil et Sénat, ez choses importantes et ardues concernantes le bien public, y aura deux Commis de l'Eglise Cathédrale, et un de l'Eglise Collégiale de la Magdeleine du dict Verdun. Ensemble aussi y seront appelés ez dicts cas les Curés du dict lieu ou leurs Vicaires, lesquels ez choses susdictes auront voix et suffrage comme les dicts Conseilliers.

Pour lequel Conseil maintenir et continuer, est advisé et ordonné que advenant la mort et décès de l'un ou de plusieurs du dict Sénat, ou aultrement occurrente la vacation, par cession, privation ou démission de l'un du dict Sénat, sera au peuple et appartiendra les droit et puissance de nommer et présenter au dict Seigneur Evesque, au lieu du mort ou délaissant le dict lieu, deux bons et notables personnages citoyens et bourgeois de la noblesse ou du peuple, natifs ou domiciliaires d'icelle Cité, desquels deux ainsy présentés, il en choisira l'un et l'instituera et l'establira au dict Conseil. Touttes fois où les dicts présentés ne seraient idoines et souffisants, le dict Seigneur Evesque y pourra pourvoir de personnes capables d'icelle Cité tels que bon lui semblera pourvu qu'ils soient natifs ou domiciliaires d'icelle Cité.

Pour aultant qu'il est difficile et incommode de souvent assembler le peuple, est advisé, statué, ordonné que cy-après, advenant la mort d'aulcun ou d'aulcuns des dicts Conseilliers de chacune paroisse d'icelle, le prochain Dimanche après le décès, la Messe parochiale finie, par les paroissiens seront nommés et commis, à sçavoir : des paroisses de St-Pierre l'Angelé, St-Sauveur, St-Medard, St-Amand, St-Victor, de chacune deux hommes, et de la paroisse St-Pierre le Chéri, un.

Lesquels Commis pour tout le peuple, avec un Commis du dict Conseil et Sénat, présenteront au dict Seigneur Evesque les *deux* par eulx choisis, comme dict est, pour l'un d'eulx estre par le dict Seigneur Evesque reçu et institué au lieu du décédé; et ainsi se fera si plusieurs décèdent.

Au regard du fait et administration de la Justice et administrateurs d'icelle, est advisé, statué et ordonné que par chacun an au jour accoustumé qu'est le Dimanche de *Judica,* le peuple se trouvera de bon matin chacun en sa paroisse, où après la Messe parochiale ditte, les paroissiens commettront comme dict est Gens ayant puissance pour tout le peuple, afin de nommer et présenter au dict Seigneur Evesque ou son Vicaire ou Commis, jusqu'au nombre de quinze ou seize bourgeois, bons et notables personnages tant de ceulx du dict Conseil que du peuple pour estre commis et establis à l'exercice de la dicte Justice.

Et pour ce faire les dicts Commis, le dict jour du Dimanche de *Judica*, se réuniront en la Maison épiscopalle du dict Verdun, jour et lieu accoustumés, desquels ainsy nommés et présentés, le dict Seigneur Evesque élira et choisira un certain nombre, et iceulx establira et instituera au dict exercice de la Justice et recevant d'eulx le serment deubt, et nécessaire au dict cas, après la lecture de la Lettre de la Paix faicte, comme est de toute ancienneté.

Lesquels ainsi institués administreront la dicte Justice pour une année seulement et se changeront par chacun an et auront la connaissance et judicature de toutes actions, cas et matières civiles et criminelles, excepté de celles dont le dit Doyen et Eschevins ont accoustumé de connaître. Des sentences de tous lesquels Juges, le dict Seigneur Evesque ou ses Commis seront réformateurs par appellation ou quérimonies en tous cas civils et criminels.

Item. Le Procureur-général du dict Seigneur Evesque pourra entrer au Conseil quand bon luy semblera, pourvu que l'on n'y traite matière pour lesquelles le dict Procureur-général pourrait estre partie. Le dict aussi poursuivra par devant les dicts de la Justice punition des délits.

Aussy le dict Seigneur Evesque pourra establir un *Greffier* ou deux, pour rédiger par escrit les actes des dicts de la Justice et Conseil et aussy pour exercer l'office de Secrétaire.

Quant au *Recepveur* des deniers de la Ville, le dict Sénat et Conseil choisira et commettra un solvable, lequel par chacun an sera tenu de rendre compte devant le dict Seigneur Evesque ou ses Commis, avec deux Commis par le dict Conseil ou Sénat et deux de la Communeaulté qui seront choisis et élus comme dict est par les paroissiens. Lequel Recepveur sera tant et si longuement continué au dict office comme il semblera estre expédient et proffitable à la Républicque, à l'advis du Conseil et Sénat.

Touchant *les lettres de la paix*, parceque par longueur de

temps il y a grande difficulté, et y a des clauses et articles qui pour lors qu'elles furent faites étaient *duisantes (opportunes)*, et pour lors sont de difficile observance, le dict Seigneur Evesque est content avec le dict Conseil, d'adviser à la réformation, mutation et ampliation d'icelles, selon le temps et au proffit de la République, afin d'ôter toute ambiguité et occasion de désordre.

De tous lesquels Conseilliers, Justiciers et Officiers susdicts, le dict Seigneur Evesque aura l'institution et l'établissement, et d'iceulx recevra le serment nécessaire.

Est aussy accordé que mon dict Seigneur Révérendissime et Illustrissime, pour le bon vouloir qu'il a desmontré envers la dicte Cité, aura puissance et auctorithé de dresser et establir le dict Conseil et Sénat, Justiciers et aultres Officiers susdicts, le tout sans préjudice des droits du dict Seigneur Evesque, Communeaulté et St-Empire.

Ce Règlement ayant été lu à toute la Communeaulté de Verdun assemblée à cet effet, le dict Seigneur Cardinal demanda si quelqu'un avait à dire quelque chose au contraire. Et nul s'étant opposé, ainsi chacun ayant acquiescé, consenti et accordé, il nomma ceulx qu'il avait choisis et élus ez offices de Doyen, Eschevins, Justice, Conseil et Sénat.

Sçavoir : Jehan de Bar pour le premier et chef du dict Conseil. — Quatre Eschevins annaux, sçavoir : Simon de Rarécourt, Pierre le Poivre, Bertrand de Bar et François Senocq, pour après leur année finie demeurer du dict Conseil, et aultres mis en leur place. — Le grand Prévost de Montfaulcon, l'Archidiacre de la Rivière, Mre Nicolas Jacquart chanoine, le sieur Claude de Seraucourt, Collignon le Bigorgnier, Jehan de la Reauté, Nicolas Pencher, Nicolas de la Ruelle, Henry de St-Remy, Georges Gerbillon, Philibbert Romé, Adam de Villers, Pérignon de la Grange, Jean Habram, Louis Wapy, Pernete Jacquet, Nicolas Momart, Gérard Watronville le jeune, Jacques Hacquart et Pierret Jacquinot pour Conseilliers. — Pour rendre la Justice, le dict Jehan de Bar doyen, Simon de Rarécourt, Pierre le Poivre, Philibbert Romé, Nicolas Desancherins, Fiacre Didier l'Ecossois et Thirion Guillaume, et pour Greffier de la Justice et Secrétaire du dict Conseil, Simonin Baulgnon, et Jehan Watronville l'ancien, pour Précepteur.

Lesquels, hormis les absents, prestèrent le serment au cas requis, déclarant néanmoins que le dict serment ne pouvait ni devait préjudicier aux droits de l'Empire, et que tout ce que le Roy avait fait ç'avait été comme Vicaire de l'Empire.

TABLE DES MATIÈRES.

TROISIÈME CONFÉRENCE.

QUATRIÈME CONFÉRENCE.

CINQUIÈME CONFÉRENCE.

FIN.

Verdun, Imp. de L. DOUBLAT.

www.ingramcontent.com/pod-product-compliance
Ingram Content Group UK Ltd.
Pitfield, Milton Keynes, MK11 3LW, UK
UKHW020140200726
13856UKWH00003B/773